JN068041

富裕層なら知っておきたい スイス・プライベートバンクを活用した資産保全

口座開設、運用、
税務までこの1冊でわかる

株式会社 T&T FPコンサルティング　髙島 一夫　髙島 宏修

株式会社ユナイテッド・パートナーズ会計事務所　西村 善朗　森田 貴子

SOGO HOREI PUBLISHING CO., LTD

はじめに

日本の富裕層を取り巻く環境が、かつてなく厳しいものとなっています。これまでに築き上げた資産、あるいは先祖代々受け継いできた資産を守るために、いよいよ具体的なアクションを起こさなくてはならない局面に来ています。

本書は、私たちT&T FPコンサルティングが過去に上梓《じょうし》した『なぜ、富裕層はスイスにお金を預けるのか？』（2015年刊行）および『富裕層がおこなっている資産防衛と事業承継』（2020年刊行）の2冊の内容をベースに、最新情報や新規コンテンツを加えて改訂したものですが、私たちは一貫して同じ問題提起を行ってきました。

日本が抱える諸問題の根本原因は、「**莫大な国の借金**」と「**世界に類を見ない高齢化の進行**」です。

この2つの問題に対して、日本政府は長年にわたって対策を講じてきましたが、解決の道筋はいまだに見えていません。むしろ、2020年以降のコロナ禍を経て問題はさらに深刻化しています。すなわち、「**インフレ**」と「**円安**」の同時進行により、国際的に見て日本人が貧しくなりつつあることが、誰の目にも明らかになってきています。

そして、その先に待ち構えているのは「**大増税時代**」の到来です。事実、近年の税制改正によって、明らかに富裕層をターゲットとした増税や個人資産への監視強化が続き、今後も予断を許さない状況にあります。

加えて、日本は政府の財政赤字問題のみならず、地震や台風などがもたらす**大規模自然災害のリスク**も抱えており、2011年3月の東日本大震災のような事態が再び生じれば、日本経済は窮地に立たされ、さらなる増税が行われるおそれもあります。実際、本書を編集作業中の2024年1月1日には能登半島で東日本大震災に匹敵するマグニチュード7・6の地震が発生し、多くの人々が家や財産を失い、避難生活を余儀なくされています。この地震を2035年までに発生する可能性が高いとされている南海トラフ巨大地震の前兆と捉える見方もあり、改めて日本という国が地震災害リスクにあふれているとの認識を実感しました。

こうした状況のなかで、最も損害を被るのは日本で暮らす富裕層の方々です。とくに、資産の多くを日本円ベースで保有している富裕層は、「**資産価値の減少**」と「**増税**」というダブルパンチを受ける可能性が高いでしょう。

こうしたさまざまな情勢を見て、私たちは、不安定な日本社会に生きる富裕層の方々に、あらためてスイス・プライベートバンクを活用した資産防衛のメリットをお伝えしたいと思い、5年ぶりに筆を執らせていただくことになりました。

私たちは、スイス・プライベートバンクと日本人富裕層の橋渡し役（エクスターナル・マネジャー）として、長年支援を行ってきました。詳しくは本文で解説しますが、「**資産を守る**」という目的に照らせば、スイス・プライベートバンクは富裕層にとって最良のパートナーになり得ます。

スイスは人口900万人に満たないヨーロッパの小国ですが、プライベートバンクの存在は世界的に知られており、古くから世界の富裕層がこぞって資産を預けています。スイスが今なお世界の金融の中心地であり続けているのは、「**生き残って、資産を継承すること**」を最大の目標として、独自のノウハウを守りながら進化を続けてきたからです。

現在は、日本の富裕層が財産を守るためのラストチャンスであると言えるときです。まずは日本が直面するリスクを正しく認識し、同時にスイス・プライベートバンクの特徴を理解した上で、実際に活用していく。これこそが財産を守るための具体的なプロセスなのです。本書の第1章から第6章までは、私たちの問題意識から始めて、スイスおよびスイス・プライベートバンクの紹介、実際にスイス・プライベートバンクに資産を保全して運用や継承を始めるための知識を順番に説明していきます。

また、資産の保全・運用には、当然ながら納税義務や正しい節税の知識も必要です。今回の執筆にあたっては、国際税務の経験が豊富な株式会社ユナイテッドパートナーズ会計事務所の西村善朗先生と森田貴子先生のお二人にご協力をいただきました。

西村先生は、国際資金調達に関連する多岐にわたる税務助言、評価助言業務に従事され、2008年からは、一般社団法人ジャパン・タックス・インスティチュートの国際課税委員としてあるべき国際税制に向けた議論にも参加されています。また、森田先生は、いわゆる「ビッグ4」、すなわち世界4大会計事務所に数えられる外資系会計事務所などで勤務した後、現在はグローバルな視点から富裕層を対象とする税務コンサルティングを行われています。今回、お二人には第1章から第6章までの内容について、国際税務の専門家としての立場から監修をしていただきました。また、第7章を書き下ろしていただき、**富裕層を取り巻く課税強化の流れ**や、**プライベートバンクを通じて海外資産を運用する際の税金の取り扱い**を中心に解説していただきました。

日本の富裕層の方々が海外に目を向け、スイス・プライベートバンクを通じて資産を守ることは、危機に瀕している日本経済の復活にもつながると信じています。
本書をきっかけにして、少しでも多くの方が自らの財産を守るための道筋を見出していただければ、これに勝る喜びはありません。

2024年3月吉日

株式会社T＆T　FPコンサルティング
高島一夫、高島宏修

目次

第2章 富裕層の危機回避手段としての海外投資

第3章 富裕層を惹きつけるスイス・プライベートバンク

第4章　スイス・プライベートバンクの資産運用スタイル

第5章 プライベートバンクで資産を継承する

第6章　スイス・プライベートバンクに口座を開設する

第7章　海外で資産運用をするときの税金対策

編集協力：小林義崇
カバーデザイン：小松 学（ZUGA）
本文デザイン＆図版作成＆DTP：横内俊彦
校正：矢島規男

第1章　日本の富裕層が迎える「大増税時代」への備え

日本の〝借金〟は壊滅的な規模

日本経済が抱える問題の深さは、**膨大な政府債務**として数字に表れています。この問題は1991年のバブル崩壊以降ずっと指摘されてきましたが、2020年からのコロナ禍を経て驚くほど深刻化しています。

もともと日本の政府予算は増加傾向にありましたが、2010年代は概ね100兆円程度で維持され、当初は予算に沿った財政運営がなされていました。ところが、コロナ対策が始まった2020年度に歳出が一気に147・6兆円にアップし、その後も142・6兆円（2021年度）、139・2兆円（2022年度）と、まるでタガが外れたような状況で増えています。

2023年度の当初予算は114・4兆円となっていますが、実際の歳出はこれを大幅に上回ると考えられます。日本政府は財政規律を守っているようアピールするために当初予算を厳しめに編成しているのですが、その後に大きな補正予算を組んで歳出を増やすのが近年の傾向になっているからです（図表1－1）。

図表1-1　一般会計税収、歳出総額及び公債発行額の推移

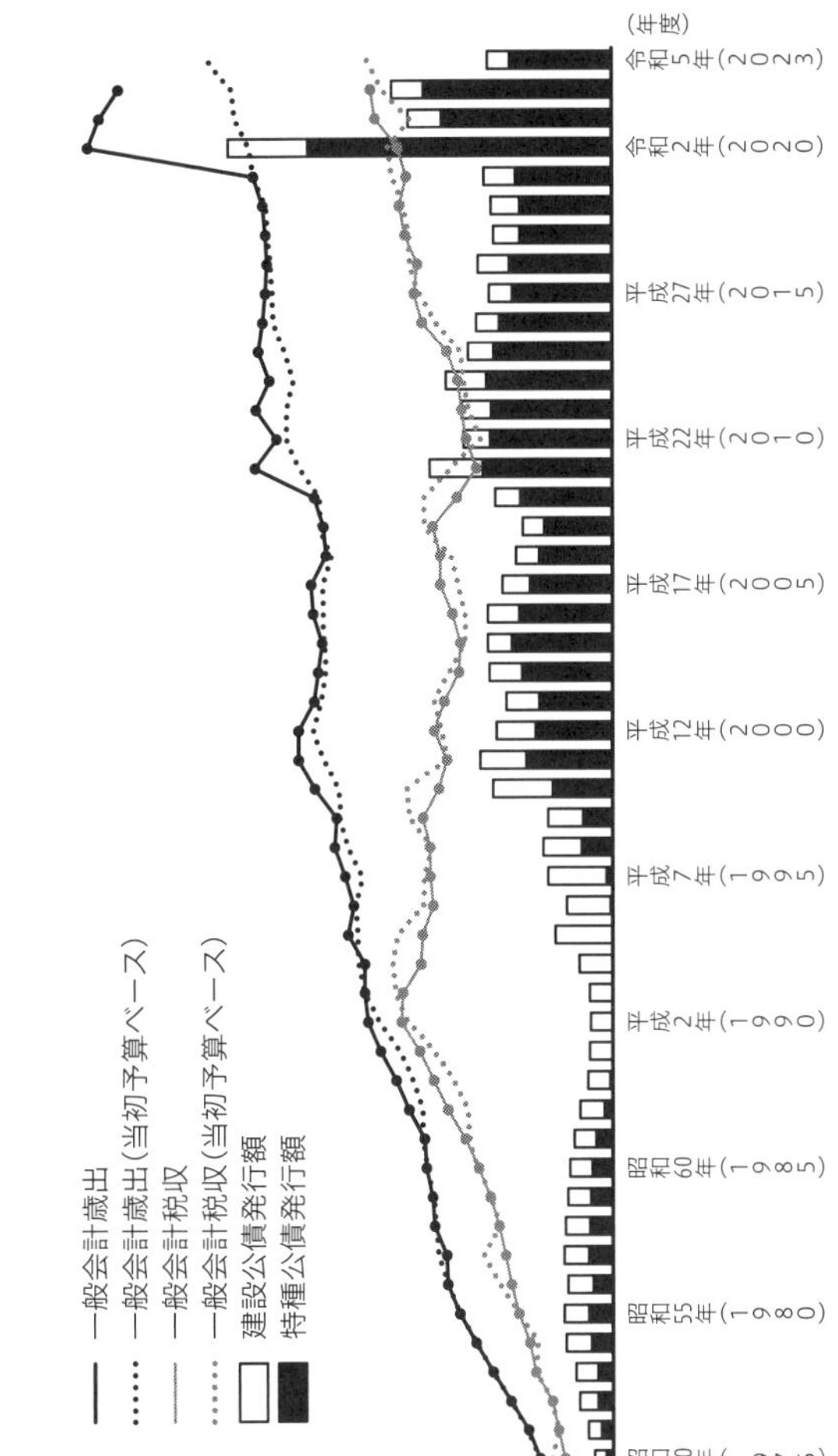

※注1　令和3年度までは決算、令和4年度は第2次補正後予算、令和5年度は予算による。点線は令和4年度までは当初予算、令和5年度は予算による。
※注2　公債発行額は、平成2年度は湾岸地域における平和回復活動を支援する財源を調達するための臨時特別公債、平成6～8年度は消費税率3%から5%への引上げに先行して行った減税による租税収入の減少を補うための減税特例公債、平成23年度は東日本大震災からの復興のために実施する施策の財源を調達するための復興債、平成24年度及び25年度は基礎年金国庫負担2分の1を実現する財源を調達するための年金特例公債を除いている。
※注3　令和5年度の歳出については、令和6年度以降の防衛力整備計画対象経費の財源として活用する防衛力強化資金繰入れ3.4兆円が含まれている。
出所：財務省

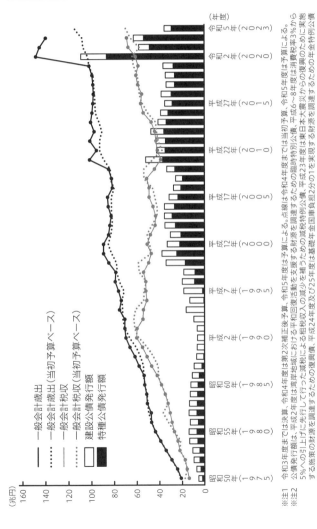

一方、政府の歳入の多くを占める税収については、増加傾向にあります。２０２２年度の税収は、所得税、消費税、法人税のいずれも増加し、トータルで史上初の70兆円超えとなりました。この背景には、コロナ禍の反動による消費の増加や雇用環境の改善などがあると考えられます。

とはいえ、このように税収が増えていても、歳出の増加をすべて賄えるレベルではなく、財政赤字はさらに拡大しています。税収が過去最高となった２０２２年だけを見ても、政府は新たに50兆円規模の国債、つまり借金を増やしているのです。

今後も、ここまで膨れ上がった歳出を税収だけで賄えるはずがなく、日本政府は赤字国債を発行し続けていくでしょう。日本銀行（以下「日銀」）の統計によると、政府が２０１９年３月末に保有する金融負債は１３１６兆円に上り、対ＧＤＰ比で２３９％にまで達しています。これは国民１人当たりに換算すると、１０００万円に上る値です。

令和２年（２０２０年）度予算における国債の発行額は、「借換債」という、いわゆる隠れ借金まで含めると約１５３兆円あり、毎年のように１４０兆〜１７０兆円程度の借金が蓄積されています。このような状況にあっては、ＧＤＰが多少成長したとしても、焼け石に水です。

世界の先進国のなかで、これだけの借金を抱える国は他にありません。たとえば、ユーロ圏では、イタリアは財政破綻をしたギリシャに次いで多い債務を抱えているのですが、それでも対ＧＤＰ比で１３８・４％です。また、ＥＵ（欧州連合）に加盟するには、「債務残高が対ＧＤＰ比で60％を超えないこと」という条件がありますが、この条件に照らしても、２００％を超えている日本の債務残高は異常に高いことがわかります。

もちろん、「財政赤字は絶対に悪」というわけではありません。国の運営状況によっては、歳出を増やすことによって経済成長が加速することもあるでしょう。経済成長によりＧＤＰが増加して、国の借金を無理なく返済できるのであれば、大きな問題にはなりません。

しかし、現在の日本は〝超〟がつくほど少子高齢化が加速しており、ＧＤＰはさらに低下する見込みのほうが高いわけですから、借金を前提とした財政運営は非常に危険です。本来であれば、歳出を減らして将来の財源減少に備えておくのが合理的なのですが、政治的な事情もあり、政府は今後も大胆に歳出を減らす方向に舵を切れないと考えられます。

日銀による国債買い入れが過去最大に

日本の借金の問題は、「**アベノミクス**」が絡んでさらに複雑化しています。

日銀の前総裁であった黒田東彦《はるひこ》氏は、アベノミクスの下で2013年に〝**異次元金融緩和**〟を開始し、巨額の国債買い入れを続けてきました。2023年6月末時点で国債の約54％を日銀が保有している状況ですが、これは他国では類を見ない事態です。通常、国債を発行するときには貸し手となる金融機関や投資家を募る必要がありますが、政府は日銀に国債を買わせることで、大規模な借金を重ねられる構造となっています。この流れはコロナ禍でさらに加速し、2020年4月27日に「新型感染症対策の影響を踏まえた金融緩和」として追加の緩和が行われました。

これまでは日銀の国債買い入れは年間80兆円が事実上の上限とされていましたが、今後は無制限に買い入れることが決定されました。その結果、日銀による国債保有残高は2023年3月末時点で1080兆円まで膨れ上がり、日銀が保有する資産に占める国債の割合は53・3％と過去最大になったのです（図表1－2）。

図表1-2　日銀の国債保有割合

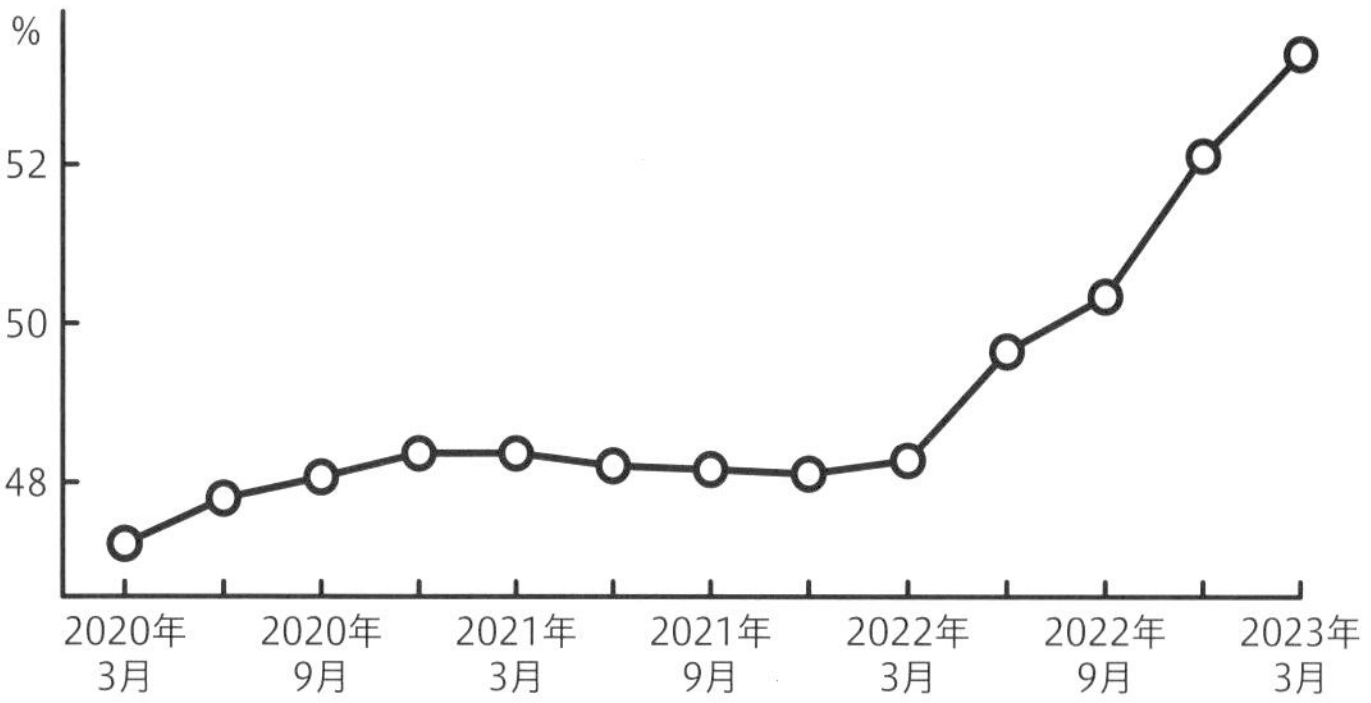

※注　国庫短期証券は除く。最新は2023年3月末

出所：日本銀行資金循環統計

日本の国債の大半は、日銀や国内の民間銀行に買われています。そのため、「日本の国債は日本人からの借金なので問題ない」と危機感を持たないエコノミストは少なくありません。たしかに、国債の外国人保有率が70％に上り、国債金利が上昇を続けた末に財政破綻を起こしてしまったギリシャと日本を比べれば状況は違います。

本来、「政府の債務残高が増えれば、国債金利は上昇する」というのが経済学の常識です。財政赤字が拡大し債務残高が積み重なれば、デフォルト（破綻）への懸念から市場の信任が失われます。そのままの金利では国債を買ってもらうことができないため、金利を上げざるを得ませんが、金利を上げるとやがて返済ができなくなります。これがギリシャで起きていたことです。

日本も、国債の残高だけを見れば、ギリシャのような事態になってもおかしくはないはずですが、国債の多くが「国内の金融機関」によって保有されているため、「金利を上げよ」という強い圧力にならず、金利を上げずに済んでいます。

それでも、海外からの評価は辛辣《しんらつ》です。日本国債は海外の格付け機関による評価を落とし続けています。ムーディーズによる２０１９年11月の格付けでは、日本は「Ａ１」となりましたが、同じランクに位置づけられているのは中国とチリです。１９９０年代には最高の評価である「Ａａａ」をつけていたにもかかわらず、そこから9回にわたる見直しにより、今や新興国と同程度の格付けとなっています。

また、日銀の統計によると、２０１８年末における日本の短期国債の海外保有比率が初めて7割を超えました。財務省の集計では、２０２３年3月末時点で国債発行残高の14・5％が海外投資家に保有され、初めて国内銀行による保有率を上回ったとのことです。これは、日本国内の金融機関が日銀によるマイナス金利政策を受けて国債への投資を敬遠するなか、為替差益を狙った海外からの投資が増えているためと考えられます。

このような動きが加速すれば、日本国債は海外への依存度を増し、海外投資家によって金利上昇の圧力がかかる事態も考えられます。しかし、国債の金利を上げるということは、日本政府の返済が増すことを意味し、財政運営にとって首を絞めることにつながりかねません。

国債金利１％の上昇が致命的

２０２３年４月、日銀の総裁が黒田氏から植田和男氏に変わりました。歴代最長の10年間にわたり総裁を務めた黒田氏が退いたことで、日銀の方針に何らかの変化が起きる可能性がありましたが、今のところは従来の路線が継続されています。

そうしたなか、２０２３年に入ってから1年足らずで１ドル１１０円台から１５０円程度まで円安が進み、インフレも加速しています。物価が高騰するなかで賃金の上昇が追いつかず、国民の生活はますます苦しくなっています。

このような状況においては、金利を上げて物価上昇を抑制するのが経済学のセオリーです。実際、インフレが進むアメリカなど海外の中央銀行は軒並み政策金利を上げていますが、日本だけは金利を上げられずにいます。

その理由を端的に言えば、「**金利が上がると日銀が困るから**」ということです。

日銀は国債を買い入れる一方で、国内の民間銀行から当座預金という形で資金を預かっています。つまり、日銀にとって国債は資産であり、当座預金は負債にあたります。この当座預金は本来無利子ですが、２００８年11月以降は世界金融危機対策として金利がつくようになりました。

これにより、日銀は資産である国債につく金利収入と、負債である当座預金に支払う利息との間で、「利ザヤ」を稼げる構造になっています。

ところが、日銀は２０１６年から10年国債金利をゼロ％近辺に抑えつけるイールドカーブコントロール（ＹＣＣ）を行うことで市場金利を引き下げてきたため、十分な運用収益を得ることができていません。２０２２年９月末時点で、日銀が保有する国債などの資産による運用利回りはわずか０・19％です。

この状況において、日銀が短期の政策金利をたった０・２％に引き上げるだけで、運用利回りを利払いが上回る「逆ザヤ」の状態になってしまいます。仮に短期の政策金利を１・２％引き上げたとして試算すると、日銀に年間５兆円ものコストがのしかかる計算です。日銀の自己資本が11兆円強しかないことを踏まえると、このコストがいかに重たいものなのかをご理解いただけると思います。

このように、日銀は債務超過に陥ることを避けるために、十分な利上げに踏み切れない状況にあります。今後想定されるのは、**日本円が通貨としての信用を失う**ということです。日銀が金利を上げられず、インフレが加速してしまえば、日本円の価値は著しく落ちていきます。

行きすぎたインフレは「**国民の資産の目減り**」につながります。もちろん、インフレによって賃金や預金金利が上昇する可能性はありますが、時間がかかります。つまるところ、インフレのメリットを感じられるのは、借金を抱える人などごく一部の人にとどまるのです。

大多数の日本人がインフレで被害を受け、すでに日本で大きな資産を蓄えている富裕層にとっては死活問題となりかねません。

円安が引き金となる資産価値の下落

2023年5月17日、日経平均株価が3万円台を回復しました。3万円超えは1年8カ月ぶりであり、日本経済に関しては珍しく明るいニュースとなりました。

しかし、日本の株価についても相変わらず不安材料が眠っています。というのも、日本の株価は〝官製相場〟と呼ばれており、日銀が日本の株式に莫大な投資を行った結果、この株価になっているからです。

日銀は、「株価安定」という名目の下、日本株式のＥＴＦ（上場投資信託）の買い入れを続けており、２０２０年３月まで時価31兆１７３８億円ものＥＴＦを日銀が保有する事態になっています。『日本経済新聞』（２０１９年４月17日付）によると、日銀は今や上場企業23社の筆頭株主であり、しかも全上場企業の５割で上位10位以内の大株主なのです。日本の上場企業の多くが、ある意味で国営企業になりつつあるという、異常な状況が生まれています。

さらに、コロナ禍での株価安定のために、２０２０年３月16日に行われた金融緩和では年間６兆円としていたＥＴＦの買い入れ額を倍の12兆円まで引き上げました。そして、今では日銀が買い入れたＥＴＦの時価は51兆円強まで増えており、これは旧東京証券取引所第一部の株式の時価総額の約７％に相当する水準です。

前述したとおり、日銀は利上げに踏み切れず、保有している国債からの金利には期待できません。そのためETFからの収益は日銀の経常利益を支える重要な柱となっているのですが、株価が急落してしまえば、日銀は危機に陥る可能性があります。ETFは時価評価されることになっているので、簿価を下回れば損失に相当する引当金を計上しなくてはなりませんから、株価の下落によって日銀の財政は赤字に転落してしまうのです。

では、日銀は株価が下がる前に株式を売ればいいかというと、ここにも問題があります。アベノミクスが始まってから実際に日本の株価は上がってきているので、そうした株式を日銀が手放すとなれば株価は下がってしまいます。そうなれば株主を中心に批判が巻き起こることは必至ですから、日銀としては批判をおそれて、売却をしにくいのです。

ここまでの話をまとめると、日銀は株を保有し続けても、売却しても、問題に直面します。もっとも、このような問題が起きることは最初からわかっていたことであり、だからこそ、世界の主要中央銀行は、コロナ禍などの未曾有の危機の中にあっても日銀のような株式ETFの買い入れには決して手を出しませんでした。

日銀が行ったETF買い入れには「これが正解」という出口戦略がなく、どのような形で結末を迎えるのかは、誰にも予想できません。私たちはアベノミクスがスタートした頃から「危険な賭け」と考えていましたが、その結果はこれから明らかになることでしょう。

日本の高齢化は他国と比べ圧倒的に速い

ここまで日本が抱える財政上の問題をお伝えしてきました。しかし、日本はもう一つ大きな問題を抱えています。それが、**急速な「高齢化」の進行**です。

内閣府の発表によると、2019年10月1日現在における総人口に占める65歳以上人口の割合は28・4%です。つまり日本は「4人に1人が65歳以上」という超高齢社会に突入しています。高齢化の勢いはとどまることがなく、今後50年以内に「3人に1人が65歳以上」になるとの予測も出ています。

こうした事態を受け、現在の社会保障制度を維持するのはすでに限界が来ているとの指摘もなされています。働き手が減り、給付を受ける高齢者が増えるわけですから、当然のことです。

もちろん、社会保障制度はその時々の状況に合わせて見直されていくものであり、それなりの改正は行われるでしょう。事実、厚生年金の受給開始年齢は制度が始まった1942年には55歳だったものが、現在は65歳まで伸びています。2022年4月からは、年金の受給開始年齢を繰り下げられる上限年齢が70歳から75歳に引き上げられ、政府は高齢者が働き続けられる社会を目指す姿勢を見せています。

しかし、このような対応も十分だとは言えません。なぜなら日本が迎えている少子高齢化は、人類史上どの国も経験しない速度で進行しており、制度改正では現実に追いつけないからです。

ここで、日本の高齢化がどれくらい速いのかを、他国と比べてみましょう。高齢化率（65歳以上人口の割合）が７％から21％に上昇するまでの年数で比較します。

日本の場合、高齢化率が７％を超えたのは１９７０年のことです。その後、21％に達したのは２００７年。つまり、日本の高齢化率は37年かけて７％から21％に上昇しています。

次に、他国において高齢化率が７％から21％になるまでにかかった、もしくは人口動態統計上かかると見込まれる年数は次のとおりです。

- フランス……１６１年（１８６５年～２０２６年）
- スウェーデン……１３６年（１８９０年～２０２６年）
- ドイツ……82年（１９３２年～２０１４年）

●韓国……28年（1999年～2027年）
●中国……33年（2002年～2035年）

このとおり、欧州諸国において高齢化はゆっくりと進んでいます。このため、国民の意識改革や社会保障制度の改革にも時間をかけることができているようです。

たとえば、ドイツでは2013年以降、社会保障制度改革が進められ、介護保険や年金制度の見直しなど、安定的かつ持続可能な社会保障制度に向けた運用が行われています。

一方、アジアに目を向けると、韓国や中国も日本に劣らないスピードで高齢化が進展していることがわかります。しかし、高齢化率21％を迎えるのはまだ先のことです。日本の高齢化率がすでに30％に迫ろうとしていることを踏まえると、やはり日本が世界で最初に、しかも急速に超高齢社会を迎えていることは間違いありません。

今後、日本が移民を増やす方向に転換したり、AI（人工知能）などのイノベーションにより労働力を補ったりできる可能性はゼロではありません。しかし、そうした変化の効果が現れるまでには数十年単位の時間を要します。今の日本を生きる私たちは、やはり人口減少を前提として、資産を守る手段を考えていく必要があるのです。

経済成長が困難となる人口オーナス期

高齢化が経済成長にとってマイナスになる理由は、「**成長会計**」から説明することができます。成長会計とは、ＧＤＰ成長率の内訳に注目して成長の要因を明らかにしようとするもので、次の３つの要素が経済成長に影響すると言われています。

❶労働投入
❷資本投入
❸生産性

①労働投入

人口が減少する影響として、最初に思い浮かぶのが「労働力の低下」ではないでしょうか。高度成長期の日本は人口増加によって労働力人口（15歳以上の人口のうち、「就業者」と「完全失業者」を合わせたもの）が増加する「人口ボーナス期」にありました。

人口ボーナス期では、多くの人々が働き収入を得ているわけですから、年金などの社会保障費の負担は少なくて済みます。政府は、国家予算をその分経済政策に重点的に充てることができるため、ますます経済成長が加速します。

一方、現在の日本は人口減少が続く「人口オーナス期」に突入しています。人口減少と高齢化が同時に進む日本では、「支えられる高齢者」の数が「支える現役世代」の数を上回るため、どうしても社会保障費は重たくなってしまいます。これは、現状の日本の財政状態を見れば明らかでしょう。

②資本投入

人口が減少すれば、住宅へのニーズや、企業による資本設備への投資も比例して減ります。したがって、市場に投入される資本は減少し、やはり経済成長にはマイナスに働きます。貯蓄する若者は減り、高齢者は貯蓄を取り崩すため、日本社会で使える資金は減ることになるでしょう。

③生産性

昨今は、デジタル化や働き方改革などが進められ、生産性の向上が図られていますが、実は生産性を高める一つの要素に「人口」があると言われています。なぜなら生産性向上には、既存のやり方を打破するイノベーションが必要であり、新しいアイディアを持つ若い世代が増加して、経験豊かな世代と融合することによってイノベーションが促進されることが期待できます。人口が少なくなれば、多様性が失われ、イノベーションにつながる種が少なくなってしまうかもしれません。これは、生産性の向上が停滞することにつながります。

このように、成長会計の３つの要素それぞれにおいて、鍵となっているのは「**人口**」なのです。経済成長のためには人口増加が望ましく、少子高齢化時代を迎えた日本が不利であることは否めません。

人口構成が変化するのはどの国も同じですが、日本は変化の速度が速いことも問題です。２０２２年には１人の高齢者を現役世代がほぼ２人で支える構造でしたが、**２０４０年にはこれが１・５人で支えることになると予測されています**。このような状況では、社会保障などの旧来のしくみが変化に対応しきれず、若者は将来の展望を描きにくくなり、持続的に経済活動を行っていくうえではマイナスになり得ます。

　では、なぜ少子高齢化がこれだけの経済停滞を招くことが明らかであったにもかかわらず、これまで問題視されてこなかったのでしょうか。その理由は、高齢化が進行している一方で、「総人口」は増加し続けていたことがあったと考えられます。日本の総人口は、２０１０年までは、短期的には減少があったとしても基本的に右肩上がりに増加を続けてきました。

　ただ、人口増加が続いていた時代においても、しっかりと人口動態を見ていた人は、やがて来る少子高齢化の未来が見えていたはずです。というのも、高齢化の兆候はずっと早い段階で表れていたからです。年少人口（0～14歳）のピークは、現在から60年以上も前の１９５５年です。そして１９９５年には生産年齢人口（15～64歳）のピークを迎えていました。

　このピークを超えて30年近く経った今になって、少子高齢化の問題が声高に叫ばれるようになったのは、問題が顕在化してきたからです。医療制度や福祉制度の進歩により長寿化が進んだ一方で、食糧生産の限界や教育コストの増加などから生まれてくる子どもの数が減少し、今では都市部に暮らす人々でも少子高齢化を体感する状況になっています。

こうして考えると、「もっと早い段階から人口減少を見越した対策ができていれば」という考えがよぎりますが、過去を悔やんでも仕方ありません。

今の日本が直面している超高齢社会を現実のものとして認識し、過去のパターンにとらわれず新しい発想で立ち向かう必要があります。富裕層の資産を守るうえでも、過去の成功体験に頼るのではなく、変化に対応していくことが大切です。

個人富裕層を狙う大増税時代の到来

いまだに財政赤字から抜け出せない日本は、今後、少子高齢化によりさらに財政が圧迫される未来が待っています。そこで起きるのが「**どうやって財政赤字を解決するか**」という議論です。

これに関して経済成長が期待できない日本では一つの答えに行き着きます。それは、増税以外にはありません。財政破綻を防ぐため、そして国債の利払いに充てるため、国は税収を増やそうと考えるでしょう。

ここでターゲットになるのが、富裕層です。

本来であれば、今や高所得者だけでなく、低所得者も含めて増税をしなくてはならない状況です。消費税が10%に上がりましたが、国際通貨基金（ＩＭＦ）は、２０３０年までに15%、２０５０年までに30%に引き上げるよう勧告しています。

しかし、消費税率を上げて高所得者と低所得者をまとめて一気に増税すると、低所得者からの反発が高まることは必至です。政府への不満の高まりにつながることは明らかですから、政府としてはこうした事態は避けたいことでしょう。また、生活保護受給者が増えるなどして、社会保障費が膨れ上がることも懸念されます。

現にコロナ禍で生活保護の申請数はかなり増加し、さらに個人事業主や中小企業も大きな減収・減益を余儀なくされ、最悪のケースでは倒産に陥っており、社会保険料を納める側が減少することも懸念材料です。ここで多くの人に等しく負担を求めるような増税は好ましくありません。

そこで、人数で比べれば少ない富裕層をターゲットとした増税をまず実施し、大多数を占める低所得者の不満を逸《そ》らせようと考えるかもしれません。当然ながら政府の意図は公にはされていませんが、一般庶民よりも富裕層のほうが増税の影響を受ける可能性が高いのは明らかです。

富裕層をターゲットにしたと考えられる増税は、日本が最終手段をとらざるを得ない局面に入っていることをうかがわせます。

そのような「大増税時代」に向けた動きは、すでにいくつか起きています。ここからは、富裕層をターゲットにした課税強化や監視強化について、具体的に見ていきましょう。

富裕層の相続税対策を封じ込める政府の動き

日本の財政は危機的な状況にありますが、日本人の家計金融資産は過去最高を更新し続けています。2023年3月末時点の日本の家計金融資産は約2056兆円にのぼっていますから、ここに国が目をつけないはずがありません。

このような資産を次世代に引き継ぐときに生じるのが、相続税や贈与税の問題です。相続税に関しては、平成27年（2015年）度の税制改正により基礎控除額が大幅に引き下げられた結果、従来は日本人の4％ほどにしかかからなかったところ、今や1割に迫る水準に来ています。

そうした中、相続税を合法的に引き下げる方法として富裕層の間で広がっていた「生前贈与」に関する取り扱いが2024年1月から改正となりました。

生前贈与が相続税対策になるのは、相続税の基準となる財産を直接的に減らせるからです。たとえば、生前に3000万円を贈与すれば、相続税の課税対象財産が3000万円少なくなります。

しかし、話はそう単純ではなく、贈与を行うと贈与を受けた側に贈与税がかかるという問題が生じます。そのため、「相続まで待って相続税を払うか」「贈与税がかかるのを覚悟で生前贈与をするか」という選択をする必要があるのです。

ただし、贈与税の暦年課税制度には年間110万円の非課税枠が設けられているため、「贈与税をかけずに、生前贈与を行う」ということが可能となります。仮に相続人2人に対して5年間、年間110万円ずつ生前贈与をすれば、トータルで1100万円を税負担なしで次世代に引き継ぐことができます。

このときに問題となるのが「**生前贈与加算**」というルールです。これは、相続前の一定期間内に生前贈与を行った場合、贈与税がかからなかった110万円も含めた全額が相続税の課税対象になるというものです。そのため、親が亡くなる直前に駆け込みで生前贈与を行っても、相続税対策にはなりません。

この生前贈与加算について、2023年12月31日までに発生した相続の場合は「相続開始前3年以内」に行われた生前贈与が対象になっていました。しかし、2024年1月1日以後に行われる贈与から「**7年以内**」に改正されたことから、生前贈与を使った相続税対策が難しくなってしまったのです。

実は贈与税のもうひとつの計算方式である相続時精算課税制度については、2024年以降使い勝手が良くなっているのですが、これを考慮しても以前のように「年間110万円以内の贈与をすればいい」と単純に判断するのは危険です。

このほか、詳しい説明は割愛しますが、富裕層を中心に広がっていた高層マンションへの投資を活用した相続税対策、いわゆる「タワマン節税」にもメスが入り、過度な節税を抑制するルールが導入されたことも押さえておきたいトピックです。

富裕層にとって相続税対策は重要なものですが、かつて有効だった対策が今後も使えるとは限りません。**国は富裕層の相続税対策を封じ込めにかかっている**ので、そうした動きを見据えながら、新たな対策を講じていく必要があります。

政府は「1億円の壁」への対決姿勢を示す

富裕層の税金は、「**ストックにかかる税金**」と「**フローにかかる税金**」の両方を押さえておくことが大切です。

- ストックにかかる税金……特定時点での資産などに応じてかかるもの（例　相続税、固定資産税）
- フローにかかる税金……一定期間の所得などに応じてかかるもの（例　所得税、住民税）

すでに多くの資産を持つ富裕層の場合、ストックにかかる税金のことが心配になると思います。しかし、保有している株式を売却したときや、配当収入を得たときなどは、フローにかかる税金の問題が発生します。

このようなフローにかかる税金に関して、明らかに富裕層をターゲットとする増税が行われたので、簡単にご紹介したいと思います。

富裕層の多くは金融資産への投資を行っていますが、これは運用益が目的であることに加え、「税負担を抑える」という狙いもあります。そのことを端的に示すのが、いわゆる「**1億円の壁**」という現象です。

給与所得や事業所得などにかかる日本の所得税の税率は、５％から45％まで７段階の超過累進税率となっていて、所得金額に比例して税率が高くなるしくみになっています。ところが、国税庁の統計情報を見ると、合計所得金額が１億円程度になると所得税の負担率が減少に転じ、所得が高くなるほど税負担率が下がる逆転現象が起きています（図表１－３）。

この現象が「１億円の壁」です。なぜこのようなことが起きるのでしょうか？

理由として指摘されているのは、高所得者が株式投資を活用して合法的に税負担率を下げているというものです。株式の売却益などは「分離課税」という方式になっており、所得税の税率が一律15％となっています。つまり、極端な話、数百億円もの売却益を得ても所得税の税率は上がらないのです。

しかも今は、ＮＩＳＡ（少額投資非課税制度）やｉＤｅＣｏ（個人型確定拠出年金）を

図表1-3　申告納税者の所得税負担率（令和2年分）

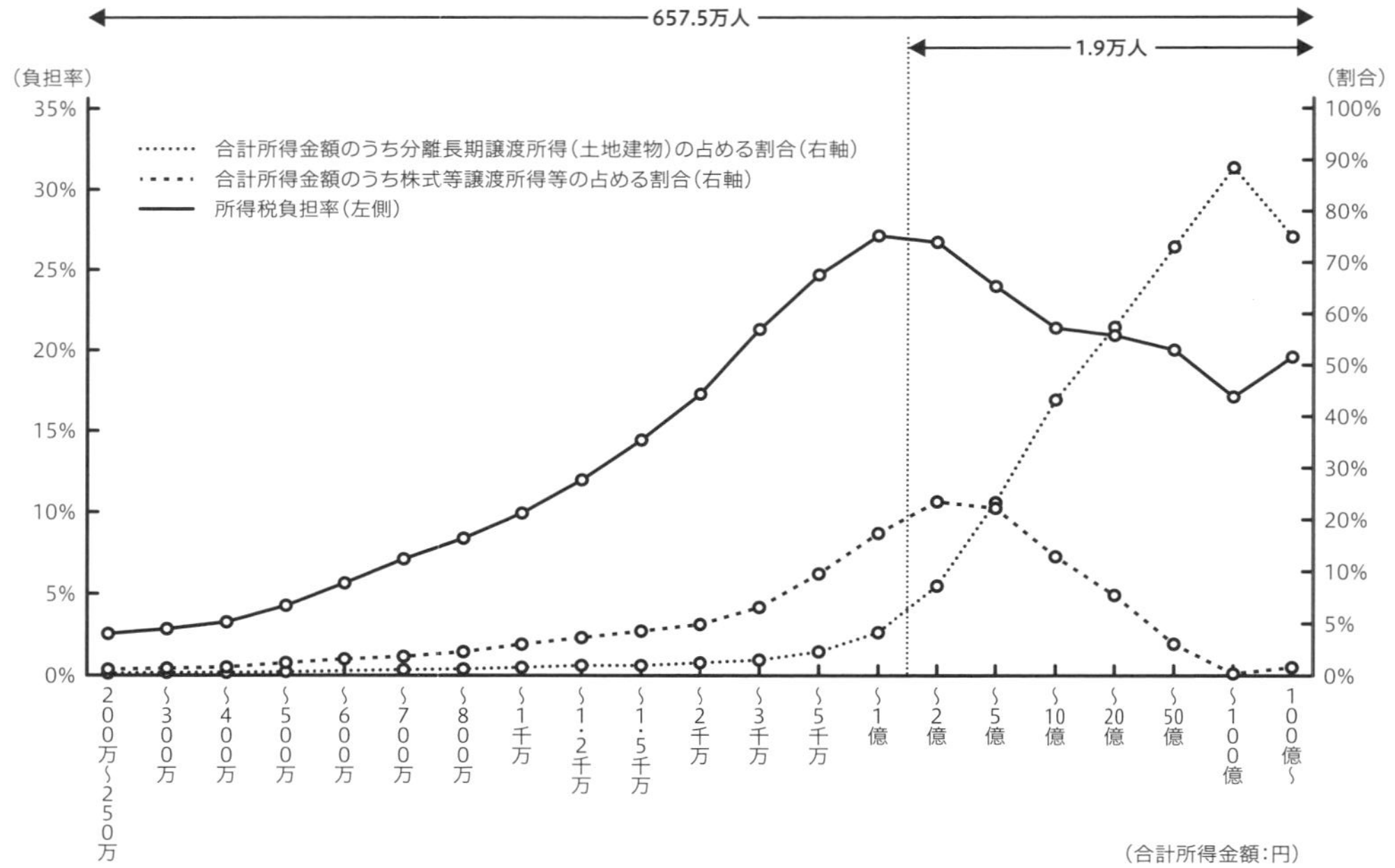

※備考：令和2年分の国税庁「申告所得税標本調査（税務統計から見た申告所得税の実態）」より作成。
※注　所得金額があっても申告納税額のない者（たとえば還付申告書を提出した者）は含まれていない。また、源泉分離課税の所得や申告不要を選択した所得も含まれていない。

はじめとする金融投資に活用できる税制優遇措置が複数あり、これを活用すれば税負担をさらに抑えることができます。

こうした状況を受けて、岸田文雄首相は2021年9月の自民党総裁選の際に「1億円の壁」の打破に向けた金融所得課税の見直しを掲げ、首相就任後も「(「1億円の壁」について）正当化は難しい。高所得者への負担強化を議論しなければいけない」と発言しました。

そして令和5年（2023年）度税制改正で盛り込まれたのが、いわゆる「**ミニマム税**」です。これは、令和7年（2025年）分以降、基準となる所得金額が3億3000万円を超える部分については、税率を22・5％まで引き上げるというものです。

現状のミニマム税のルールでは、実際に影響を受けるのは年間30億円程度を超える高所得者に限られ、日本のトップ富裕層300人程度と試算されていますが、決して油断はできません。2022年2月22日の衆院予算委員会において、岸田首相は「1億円の壁」の是正について、「**これで終わりということではない。市場の影響なども考えながら格差の問題、分配の問題という観点から議論を続けていきたい**」と発言しています。

今後、ミニマム税の対象者が広がる可能性は十分に考えられ、富裕層の税負担率は高まっていくことが予想されます。

富裕層をターゲットにした税務調査が増加

富裕層をターゲットにした法改正による増税が進んでいるところですが、国税局や税務署は税務調査にも力を入れています。

国税庁は2014年7月から、東京、大阪、名古屋の3国税局に富裕層対策を強化する**「重点管理富裕層プロジェクトチーム」**（富裕層PT）を新設し、富裕層をターゲットに申告漏れの所得や資産の把握に努めています。

具体的にどのような基準で富裕層PTが担当するのかは明らかにされていませんが、少なくとも保有資産1億円以上で、租税回避行為や節税対策が活発な層が該当するものと考えられます。

さらに、富裕層PTとは別に、東京、大阪、名古屋、関東甲信越の4国税局管内の税務署に、**「上位富裕層担当特別国税調査官」**が試行的に配置され、東京国税局管内では世田谷税務署や麻布税務署など6税務署に配置されています。

このような体制強化を受けて、税務調査により多額の追徴税額を取られる事案が増えてきています。国税庁は富裕層に対する調査結果を公開しており、これを見ると、令和3事務年度（2021年7月～2022年6月）に計2227件の実地調査が行われ、1件あたりの申告漏れ所得金額は過去最高の3767万円（図表1－4）、1件あたりの追徴税額も過去最高の1067万円となりました。そして海外投資等を行っている富裕層の調査件数も伸びており（図表1－5）、1件あたりの追徴税額は2953万円と、前年度の879万円から大幅にアップしています。

過去の調査事績を見ると、2020年は新型コロナウイルス感染症を受けて調査件数が落ち込んでいましたが、これが翌年には大きく戻しています。今後はますます富裕層を狙った税務調査は増えていくと考えて間違いないでしょう。

図表1-4　富裕層に対する所得税調査事績

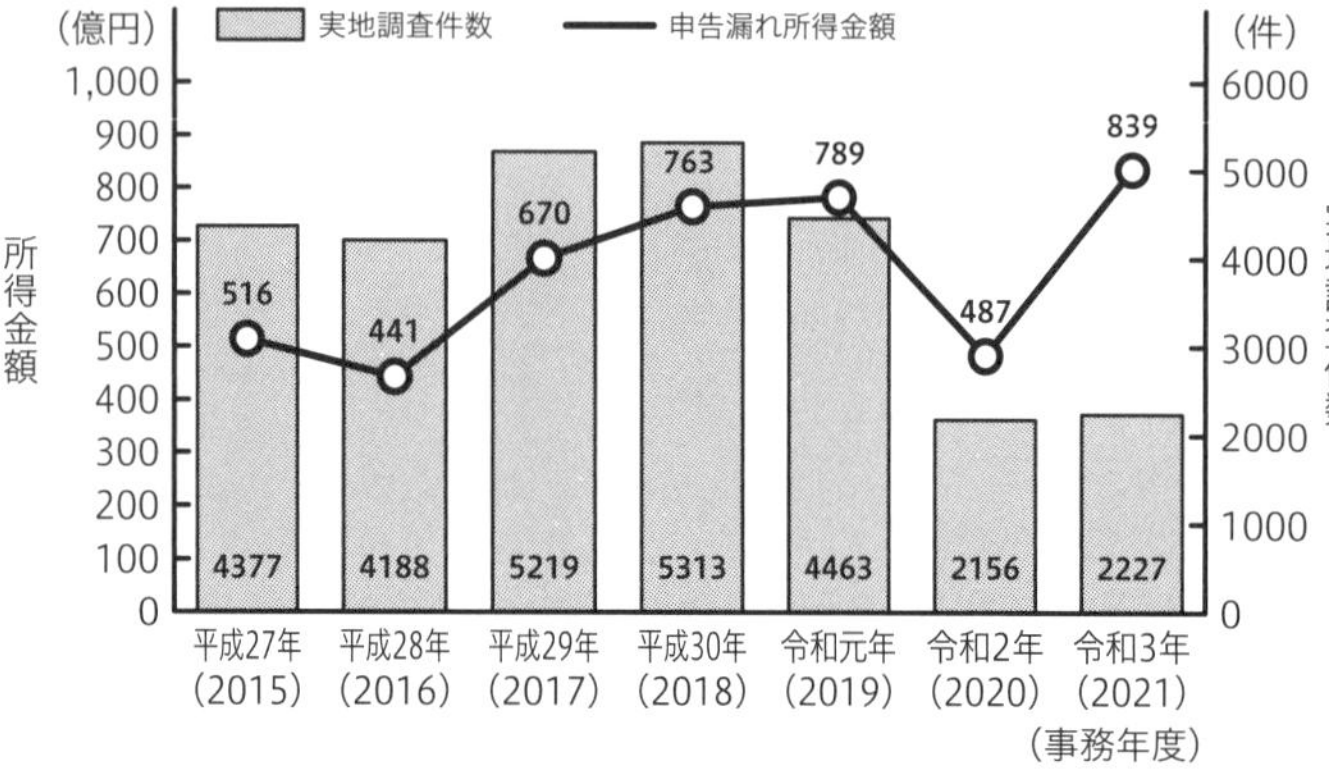

出所：国税庁

図表1-5　海外投資などを行っている富裕層に対する所得税調査事績

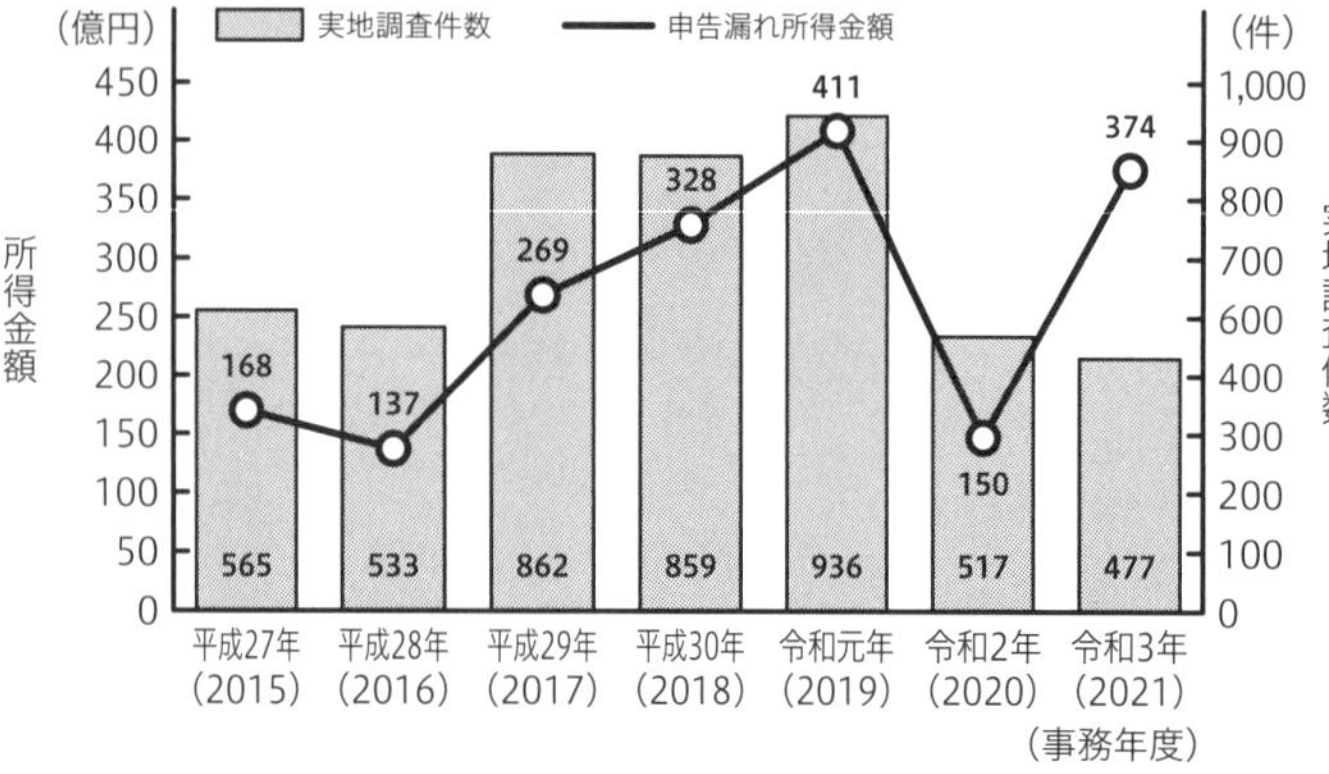

出所：国税庁

海外資産への税務当局の監視強化

国税庁は富裕層への監視を強化していることを隠そうともしていません。公開されている国税庁レポートによると、「情報リソースの充実（情報活用の強化）」「調査マンパワーの充実（執行体制の整備・強化）」「グローバルネットワークの強化（外国当局との連携）」により、富裕層や海外取引のある企業による国際的な租税回避に対応することを明記しています。

また、富裕層の持つ海外資産への監視強化は世界的な潮流でもあり、日本も追随する形となっています。

事実、この数年の間に、「**国外財産調書制度**」と「**出国税**」「**ＣＲＳ**（Common Reporting Standard：共通報告基準）」という3つの制度が日本でスタートしました。

まずは、２０１４年１月から施行されている「国外財産調書制度」について説明しましょう。

国外財産調書制度

この制度の内容を一言でまとめると、「**海外に5000万円を超える資産を持つ者は、その資産の内訳を税務署に調書として提出せよ**」というものです。

具体的には、日本の居住者で毎年度末に時価総額5000万円超の国外財産を保有する場合、それらの種類、数量、所在地、価額などの情報をまとめて、翌年6月30日（休日の場合は翌日）までに国外財産調書として提出する必要があります。

もともと、1998年から導入された「国外送金等調書」や、租税条約に基づく国外の税務当局との情報交換などにより、多額の送金が行われた場合には税務署が情報を把握できる体制は整備されていました。

そのため、多額の送金が行われた場合は税務署から「**国外送金等に関するお尋ね**」という文書が届き、送金理由などの回答や申告を促されることもあったのですが、国外財産調書がスタートしたことによって、「お金の動き」がなくとも、税務署などから指摘を受ける可能性が出てきたのです。

さらに、国外財産調書を出さなかった場合にペナルティが設けられている点にも注意が必要です。国外財産調書を提出期限までに提出していない、あるいは記載漏れがあると、適切に記載されていなかった国外財産の申告漏れに対して過少申告加算税などが５％加重されます。

加えて、国外財産調書に偽りの記載をして提出した場合や、正当な理由がなく提出期限内に提出しなかった場合、１年以下の懲役または50万円以下の罰金に処される可能性もあります。

税務当局は、国外財産調書の提出漏れに対する取り締まりを強化しており、２０１９年7月には、大阪国税局が、国外財産調書を提出しない京都市の男性を京都地検に告発しました。この男性は、所得税約８３００万円を脱税した所得税法違反でも告発されており、京都地裁はこの男性に対して懲役刑と罰金の有罪判決を言い渡しています。

刑事罰を受けるリスクを考えれば、後ほど説明するＣＲＳによって提出漏れが捕捉されやすくなっているため、国外財産調書を忘れずに提出しておいたほうがいいでしょう。

また、国外財産調書とは別に、一定以上の所得や財産を持つ人には財産債務調書の提出が義務づけられています。こちらは12月31日時点の財産などの情報をまとめ、翌年６月30

日（休日の場合は翌日）までに税務署に報告するものですが、従来は次の2点の両方を満たす人だけに提出義務がありました。

❶その年分の各種所得金額（退職所得を除く）の合計額が2000万円を超える

❷その年の12月31日において、合計3億円以上の財産または合計1億円以上の国外転出特例財産を有する

しかし、この提出義務に関するルールが2023年から変わっています。従来の条件に加えて、「**10億円以上の財産を有する人**」も提出しなくてはならなくなったのです。従来の条件では、たとえ多額の資産を持っていても所得が一定以下であれば提出義務がなかったのですが、富裕層の情報収集のためにメスが入った形です。

日本を離れただけで課税される

平成27（2015年）年度の税制改正で導入された「国外転出時課税制度」（出国税）

も、海外への移住を考える人にとっては理解しておきたい制度です。

これは**「日本居住者で1億円以上の対象資産（有価証券等）を保有している人」を対象として、出国時に対象資産の含み益に対して課税する**という制度です。

また、1億円以上の対象資産を所有している国内居住者から、国外に居住する親族に、相続や贈与、遺贈により対象資産の移転があった場合にも、含み益に対する課税が行われます。原則として、国外転出時の価額で対象資産を売却したと〝みなして〟、所得税を算定し、出国した翌年の3月15日（休日の場合は翌日）までに所得税の申告・納税の義務を負うことになります。

出国税は、平成27年7月1日以後に国外転出し、国内に住所や居所を持たなくなった場合に適用され、具体的には次のいずれにも該当する場合に対象となります。

❶所有している対象資産（有価証券等）の価額が1億円以上であること

❷原則として国外転出をする日より前の10年以内において、国内に5年を超えて住所または居所を有していること

出国税が従来の税制と異なる点は、**有価証券等に限定して、売却などして利益が確定する前の段階で所得税などを課す**、ということにあります。国外に財産が流れ、税を取り逃すことのないように、このような制度が設けられたのでしょう。

出国税が創設された背景には、キャピタルゲインに対する課税が非課税となっている一部の国や地域に出国し、そこで株式などを売却することで、日本非居住者が国外源泉所得を得るように仕組むことで日本の課税を逃れるケースが多く見られたためとされています。日本で富裕層をターゲットとした増税などにより、国外に移住する富裕層が増えることが予想されるため、日本政府はそうした動きを見越して税を取ろうとしているのです。

なお、国外転出時課税については、納税猶予制度があるため、出国時に検討することが可能です。

CRS導入で海外資産への課税が不可避に

ここまでに説明した国外財産調書と出国税は、いずれも自ら提出あるいは申告をすべきものです。これらの手続きを怠った場合、税務調査が行われるなどのリスクがあります。

それでは、税務当局はどのようにして国外財産調書や出国税の漏れを把握することができるのでしょうか。

ひとつは、金融機関から税務署に提出される**「法定調書」**を通じてです。株式や先物、金地金（インゴット）などの取引があった場合、金融機関は法定調書に情報を記載し、税務署に提出することとなっています。

さらに、近年新たに導入された**CRS**（共通報告基準）により、税務当局は従来よりもさらに国外移住者や国外財産に関する情報を集めやすくなっています。

CRSは、OECDが2014年に策定した制度であり、外国の金融機関に保有する口座を利用した、国際的な租税回避を防止するために、金融口座情報について国をまたいで自動交換することが目的とされています。具体的には、非居住者の金融口座情報（氏名・住所・口座等）について、諸外国と情報交換が行われているのです。

現在、日本を含む100以上の国や地域がCRSに参加し、自国の税務当局に集めた情報を各国で交換しています。日本では2018年9月に初めてCRSに基づいた情報交換が行われ、このとき、64カ国の国・地域から、次に該当する約55万件もの口座情報が提供されたとのことです。

❶２０１６年12月末の口座残高が１００万ドル超の個人口座
❷２０１７年１月１日以降に新規開設した個人・法人口座の同年分の収入と残高情報

２０１９年９月末には２回目の情報交換が実施されています。こちらについては、詳細が現時点で公表されていませんが、第１回目には対象外だった、口座残高１００万ドル以下の個人口座や法人口座も提供されたと言われています。

国税庁の発表によると、ＣＲＳによる各国との情報交換制度により、２０２２年６月までの１年間に、国内の個人と法人が世界94カ国・地域の金融機関に保有する口座情報約２５０万件（残高総額約14兆円）を入手したとのことです。

その一方で、令和３年（２０２１年）度の国外財産調書の総提出件数は１万２１０９件であり、総財産額は５兆６３６４億円にとどまります。ＣＲＳと国外財産調書の財産額を比較すると国外財産調書の提出漏れが相当数あることが予想できますから、ここに着目した税務調査が今後増えるかもしれません。

パナマ文書でわかった情報流出リスク

国外財産調書や出国税、CRSの導入により、海外財産は税務当局に把握されやすくなっています。ただ、税務当局には守秘義務があるため、基本的には外部に漏れることはありません。

しかし、思わぬところから海外資産の情報が流れる恐れもあります。このことを世間に知らしめたのが、2016年にメディアをにぎわせたいわゆる「**パナマ文書**」です。

パナマ文書とは、中米・パナマの法律事務所「モサック・フォンセカ」から流出した機密資料のことを指します。この文書には後述するタックス・ヘイヴン（租税回避地）である英領バージン諸島やパナマなどを利用する世界の権力者や富裕層、さらには犯罪資金に関する情報が記されていました。

つまり、税金逃れのために資産を隠した可能性のある個人や企業が、公の知るところとなったのです。パナマ文書には数百にのぼる日本人や日本企業のファイルも含まれていることが判明し、大手企業の経営者や官僚などの情報も含まれていました。

もちろん、パナマ文書に載っていたからといって、そのまま違法性を問われるものではありません。たとえタックス・ヘイヴンを利用していたとしても、適切に税務申告を行っていれば問題ないのです。

しかし、パナマ文書に載っていた個人や企業の情報は、その後インターネットを通じて拡散されることになります。今でも検索をすれば、個人名や勤務先などの情報が簡単に調べられる状況です。

これらは紛れもなく個人情報ですが、インターネット社会において、一度流出した情報を消すことはほぼ不可能です。しかもパナマ文書に関する報道はセンセーショナルに行われましたから、まるで犯罪者であるような書き方も見られます。

このような情報流出が起きれば、単に税務調査を受ける問題にとどまらず、経営や家族関係などに悪影響を及ぼすこともあるでしょう。特に地方の経営者の場合、その地方の有名人ということも多く、「あの人、脱税しているらしい」といった風評による被害は甚大なものになる可能性があります。

パナマ文書の一連の騒動から学びがあるとすれば、「**情報の預け先**」にも注意すべき、ということではないでしょうか。

本書でお伝えするプライベートバンクは、顧客を選ぶことで違法な手段で得た資金を徹底的に排除しながら、伝統的に顧客の秘密を守ることを徹底しています。富裕層であればあるほど、そのような信頼できるところに資産を預けることが望ましいと言えます。

次章から、海外投資およびスイス・プライベートバンクについて説明していきます。

第2章　富裕層の危機回避手段としての海外投資

財産を日本円だけで保有するのは危険

いわゆる金融ビッグバン（1996年から2001年にかけて政府が実行した大規模な金融制度改革）から30年近くが経とうしている現在、日本の相当数の富裕層が資産を海外に預けるようになっています。いわゆる「**キャピタル・フライト**（資本逃避）」です。

このことは、第1章の最後に説明したパナマ文書やCRSの件数からも裏づけられます。資金が海外に流出している理由は、日本の税制改革による増税リスクの占める割合が大きいですが、そもそも富裕層にとって「**資産を分散させること**」は、リスクを抑える上では王道的な手法だからです。

投資の世界では「**卵を一つのカゴに盛るな**（Don't put all your eggs in one basket.）」という格言があります。「卵を一つのカゴに盛ると、そのカゴを落とした場合、すべての卵が割れてしまうかもしれないが、複数のカゴに分けて盛っておけば、一つのカゴを落としても、他のカゴの卵は影響を受けずにすむ」という意味です。すなわち、「**特定の商品や地域だけに投資するのではなく、複数の商品や地域に投資を行い、リスクを分散させたほ**

うがよい」という教えです。これは時代が変わっても変わらない投資の大原則です。

たとえば、保有資産が日本国内の円預金のみで構成されている場合、20年以上続く超低金利によりリターンがほとんど得られません。それどころか、元本さえも失われてしまう危険性があります。なぜなら、銀行そのものが破綻してしまう可能性があるからです。事実、地方銀行から再編の波が立ち上っています。

もちろん日本では、金融機関に預けた預金などは、「**預金保険制度**」（いわゆるペイオフ）の対象になります。万が一、預金を預けた金融機関が破綻したとしても、預金保険機構により、預金の保護を受けることができます。

しかし、ペイオフで保護される預金の基準は「1金融機関1預金者あたり、元本1000万円までと、その利息など」と定められています。つまり、この保護基準を超える金額を預金していた場合、破綻した金融機関の財産状況によっては払い戻しを受けられる可能性はありますが、最低限保証されるのは1000万円と利息だけなのです。

しかも、外貨預金などはこのペイオフの対象外であり、銀行が破綻してもお金は払い戻されません。これは非常に大きなリスクです。

ご存知の方も多いと思いますが、日本の銀行の安全性は、日本政府の財政状況と密接にリンクしています。つまり、金利が上昇すれば、銀行が大量に購入している日本国債の買入価格は下落し、急速な財政状況の悪化にともない、経営破綻を起こす可能性はゼロではありません。

さらに、日本政府の財政状況が極めて悪化した場合には、「**預金封鎖**（預金引き出しの制限や禁止）」という最終手段に打って出られる可能性もあります。

事実、日本では過去に預金封鎖が実行に移されたことがあります。1946年2月、第二次世界大戦後の食糧や物資が非常に乏しかった時期の日本は、猛烈なインフレに悩まされており、政府は国策として預金封鎖を行って、預金の引き出しを制限したのです。

もし再び預金封鎖が行われる事態となれば、今や私たちの生活に必需品となっているクレジットカードも、決済口座を日本の金融機関にしていると、ある日突然使えなくなる可能性があります。特に地震などにより金融機関が麻痺し、日本円に対する信頼性が失墜すれば、そのような事態も起こり得ます。そして、日本政府はこのように国民が預金を自由に動かせないようにして、資産税をかけて財政補填を試みるかもしれません。

もちろん、このような事態は、最悪のシナリオですから、起きない可能性もあるでしょう。しかし、「何も起こりませんように」とただ祈りながら日本の銀行にお金を預けておくよりも、**「何があってもいいように」**と資産の一部を海外に移転させたほうが、安心ではないでしょうか。

資産は「ドル」を基軸にするのが安全

仮に最悪のシナリオを免れることができたとしても、資産を日本円のみで保有しておくことはやはりおすすめできません。

なぜなら、近年、日本円そのものの信頼性が大きく揺らいでいるからです。

私たちが海外での資産運用が望ましいと考えるのは、**「日本国内だけに資産を置いておくのは危険」**ということに加えて、**「日本円だけで資産を持つのは危険」**という意味も込められています。

もちろん、日本国内で生活している以上、日本円なしで生活することはできませんから、一定の額の資産を日本円で持っておく必要はあるでしょう。しかし、それは最低限でいいのです。ここで言いたいのは、資産のすべてを日本円ベースで持つことのリスクなのです。

世界の多くの国々は、自国通貨の価値を高めようと必死になっています。自国通貨の価値が上がれば、輸入産業が潤い、国民の生活も豊かになるからです。

しかし、日本の場合、円安が進みすぎると、自動車関連分野など一部の輸出企業は恩恵を受けるものの、そのことにより、多くの日本人が豊かになるわけではありません。輸出産業にしても、主要な企業はすでに生産拠点をアジアなどの海外に移しており、経済成長にとってはマイナスに働く可能性が高いのです。

円安が進むということは、日本人がそれだけ貧乏になっていると考えられます。もう誰も言わなくなってしまいましたが、中国のＧＤＰは今や日本の約5倍にまで成長しています。２００9年にアメリカに次ぐＧＤＰ世界第2位の地位を中国に奪われたときは大騒ぎとなりましたが、気がつけば、すでに日本のＧＤＰは中国の約5分の１になっているのが現実です。それどころか、２０２3年にドイツ、２０２7年にはインドにも抜かれて、日本はＧＤＰ世界第5位に転落すると予想されています。

現在の為替相場は、１ドル１４０円~１５０円ほどです。東日本大震災が起こった２０１1年は1ドル75円程度でしたから、あれから10数年で50％以上円安が進んだことになります。ＧＤＰはドルベースで発表されるため、中国とこれだけ差をつけられたのも納得がいきます。

政府が円安を容認している限り、この動きにしばらく変化はないでしょう。残念ながら、今や円は世界の〝負け組通貨〟になりつつあるのです。

資産形成は「強い通貨」で運用するのが鉄則

実際にはあり得ないことですが、仮に運用成績が0%であったとしても、資産を日本円ベースでのみ保有している場合と、各国の通貨に分散して保有している場合とでは、数年後の価値は大きく違ってきます。

ここで分散先の一番手に挙げられるのは、やはりドルです。

2008年のリーマン・ショックから16年あまりが経ちましたが、ドルが依然として世界の基軸通貨であることに変わりはありません。今後、ドルに対して円安がさらに進むとなれば、まずは日本円をドルに変えておくだけで、為替差益を見込むことができます。

現在の為替相場について、「これ以上円安が進むことはない」と思う方もいらっしゃるかもしれませんが、イギリスの通貨ポンドも、かつては1ポンド1000円というポンド高の時代があったのです。それが今では1ポンド185円前後ですから、ポンドの価値は大きく下がっています。したがって、これを超える大きな変化が日本円に起きても、決してておかしくはありません。

また、ドルを保有し、ドルで投資を行えば、手数料の大幅な節約にもつながります。投資の度に日本円に替えていると為替手数料がかかるので、まずドルでリターンを得て、そのドルで投資するのを基本と考えておくとよいでしょう。

ドルの次に通貨を選ぶとしたら、欧州20カ国で単一通貨として使用されているユーロです。2009年の欧州債務危機によって評価を下げ、2020年にはイギリスがEUから離脱する（ブレグジット）などの不安を抱えてはいますが、ドイツ、スウェーデン、オランダ、フィンランドなどは安定しています。

ドルとユーロという2大国際通貨に加えて、安定性と信頼性抜群のスイス・フランの3つの通貨へ分散しておくのが、理想的な通貨分散のスタイルだと言えるでしょう。スイス・フランは、ドルが通貨価値を下げるときにも強いと言われ、金（ゴールド）と同じように、「経済危機に強い」という特徴を持っています。

株式や債券に投資をする場合も、投資先の国や地域を分散することが大切です。

いくら新興国の経済が好調といっても、その国の企業のみに投資をするのは非常にリスキーであり、一部先進国の企業も組み入れる形が望ましいでしょう。たとえば、一時期は著しい経済成長を続けていた新興国でも、現在では破綻してしまっている企業が少なくありません。そうした企業に集中して投資をしてしまっていれば、資産は一挙に失われてしまいます。そうはならないためにも、その時々の経済情勢を踏まえながら、分散投資を考えていく必要があります。

どのように資産を分散させるかは、実は正解があるものではありません。なぜなら、人によってリスクの許容度が異なるからです。すでに大きな財産を持っている人であれば、リスクをとらずに財産を極力減らさないようなスタイルの分散投資でもいいでしょうし、逆に積極的に増やしていきたければ、株式などボラティリティ（値動き）の大きなものに集中して投資することも考えられます。

さらに、リスクに対する許容度は、その時々の状況や考え方によっても変わるため、そうした変化に柔軟に対応できる金融機関を選ぶことが大切です。スイスのプライベートバンクは、そういった意味ではまさにうってつけと言えます。

スイスのプライベートバンクには世界一の「**資産保全**」のノウハウがあり、近年は「**資産運用**」の面でも世界でトップクラスの評価を得ています。最適な資産分配を施し、資産を**「しっかりと守ってくれて」**、かつ**「大きく増やしてくれる」**のです。

銀行も国際分散するべき

これまで海外投資をしたことがない人は、このように思われるかもしれません。「海外なんてよくわからない。だまされるのでは」

こうした先入観は、本当に正しいのでしょうか。そして、逆に日本の金融機関なら「安心」だと言えるのでしょうか。

私たちはそうは思いません。私たちが業務提携をしているスイスのプライベートバンカーがよく口にするのが、「日本人はローカルバンク（国内銀行）にすでに口座を持っているじゃないか。それなら、インターナショナルバンク（スイスのような国際金融センターにある銀行）にも口座を持つべきだ」というものです。つまり、国内の金融機関から享受できるメリットは享受したうえで、国内の金融機関ではカバーできないメリットをインターナショナルバンクに託すという考え方です。さらに一歩進んで「国際分散投資」という観点から言えば、日本よりも海外に目を向けるのも選択肢のひとつです。

インターナショナルバンクに資産運用を託す理由は、まず国内銀行の「**手数料の高さ**」にあります。日本の金融機関は、「取引」に応じて手数料を取ることが一般的です。

たとえば、日本の金融機関（主に銀行）で、１ドルを窓口で円に替える際には、１円の手数料を取られます。１ドル１４０円程度と考えると、１％弱程度の手数料率になっています。最近はネット銀行などで安価な手数料を打ち出していますが、大半の銀行はこのような高い手数料を設定しているのです。

一方、海外の金融機関の為替手数料は、一般的に１ドルで０・２～０・３円程度です。したがって、日本の金融機関と海外の金融機関が同じ利子だったり、同じ運用成績だったとしても、手数料でこれだけの差があれば、手元に残る金額はだいぶ違ってきます。

海外へ投資をすることについて、「コストがかかるのでは」という不安があるかもしれませんが、このように日本と海外の金融機関の手数料を比較すると、決して日本の金融機関のコストが安いわけではないことがわかるでしょう。後ほど、プライベートバンクを利用する際のコストを説明しますので、比較していただければと思います。

もちろん、海外へ投資した資金を頻繁に日本に送金したり、日本円に両替したりすると、手数料はかさみます。しかし、外貨で運用を続けている分には、こうした問題はなくなりますから、効率的に資産を増やしていくことができるはずです。

タックス・ヘイヴンは効果的なのか

一部の国や地域では、非居住者にも口座の開設や運用を認めてくれるケースがあります。こういった地域を「**オフショア**」といいます。

オフショア（offshore）とは、元々「沖合い」という意味の英語ですが、とりわけ金融の世界では「**非居住者に金融機関の口座開設を認め、かつ税金面での軽減措置などのある地域**」を意味します。

また、「**タックス・ヘイヴン**（tax haven）という言葉を聞いたことのある方もいらっしゃるかもしれません。こちらは「**租税回避**」という意味で、オフショアと同じような使われ方をします。具体的には、イギリスの海外領土であるバージン諸島やバミューダ諸島、ケイマン諸島、さらにかつてはイギリスの植民地で現在は中国の特別行政区である香港がタックス・ヘイヴンとして有名です。しかし、この言葉は「tax heaven（税金天国）→脱税天国」という意味に誤解されることが多く、現在は「オフショア」という言葉を用いることが多くなりました。

オフショア、タックス・ヘイヴンの定義

オフショアやタックス・ヘイヴンの意味するところは前述したとおりですが、国際的に明確な定義があるわけではありません。ただし、こうした地域に共通する要素として、次の3点を挙げることができます。

①非課税措置、課税軽減措置がある

タックス・ヘイヴンの多くは、産業や資源に乏しい小国か地域です。そのような国や地域が与えられた環境下で経済的に発展しようとして選択したのが、金融サービスです。

より多くの企業や人のマネーを呼び込むために、さまざまな経済活動によって発生する利益に対して、非課税にしたり、課税を軽減したりしています。非課税にしても、その国で経済活動が行われれば、経済成長につながるため、世界中からお金を集めようとしているわけです。

②資産の運用に関する規制が最小限

タックス・ヘイヴンにお金が集まるのは、前述した税金面でのメリットに加えて、運用面におけるメリットもあるからです。資産運用に関する制限をなくして、自国に集まってきたお金を自由に運用してもらうことで、「金融センター」として発展する。こうしたことを期待して、会社登記手続きの簡素化などの制度が採られています。

③秘密保持の厳守

金融面でのメリットが多くても、顧客の情報を簡単に第三者に開示してしまうようでは、誰もその金融機関を利用しないでしょう。金融機関は顧客との信頼関係が第一です。そのため、タックス・ヘイヴンと呼ばれる国・地域では、富裕層の情報を徹底的に守ります。仮に顧客の情報を保持している金融機関が、第三者に顧客情報を開示した場合、その金融機関は厳しいペナルティや罰則を受けます。

ただし、この点は第1章でもご説明した国際的な課税強化の流れや、CRSによる情報交換によって、状況が変わりつつあります。

資産家がオフショアを使うメリット

それでは、改めて日本の居住者がオフショアを活用するメリットを整理してみましょう。オフショアを活用することで、個人の富裕層は次のようなメリットを得ることができます。

❶低コストで世界各国の通貨を保有できる
❷世界中の金融商品に投資することができる
❸資産に関するプライバシーや機密を保持できる
❹資産を効率的に継承できる
❺節税できる選択肢が増える

これらのメリットの多くは、日本国内の金融機関で実現することはなかなか困難です。しかし、オフショアを活用することで可能になります。③の「プライバシーや機密の保持」に関しては、ＣＲＳにより近年は状況が変わりつつありますが、それでもパナマ文書の情報流出のような事態は考えにくいです。後述のように節税面、運用面のいずれにおいても、オフショアを使うメリットは少なくありません。

チャイナリスクが高い香港

香港は、アジアの金融センターとして長い歴史を持ち、アジアを代表するオフショアとして知られています。

香港の金融システムは、かつての宗主国イギリスから派生しています。ドルをベースとした独自通貨（香港ドル）を発行しているため、国際金融センターとしての地位を獲得して現在に至ります。「香港で上場すると、グローバルに資金を受け入れられる」という点も、世界中から企業が集まり、資金を呼び込む要因となっています。

地理的に近い香港は、日本人にとって人気のオフショアです。口座の開設は以前より難しくなりましたが、まだ可能であるため、使い勝手はいいと言えるでしょう。

しかし、スイスと比較した場合、香港は性格に違いがあります。香港では、受け入れるお金に対して、あまりうるさいことを言われないため、500万円程度の少額資金でも口座を開くことが可能です。しかし、その分、顧客の審査が緩くなり、時には怪しげな資金も受け入れているようです。近年では口座開設のハードルが高くなってきています。

一方、スイスの場合、基本的には受け入れ資金について最低でも1億円という高い金額をベースにしていることに加えて、顧客の信用性も厳しく審査されるため、口座を開設するハードルが非常に高いです。しかし、その分、富裕層にふさわしいサービスを提供してくれますし、犯罪などに巻き込まれるリスクもありません。富裕層が安心して資産を保全・運用する上では、私たちは香港よりもスイスをおすすめします。

１９９７年にイギリスから中国に返還され、中国の特別行政区となった香港には、常に政治的なリスクがつきまとっています。返還時に「一国二制度」として、香港の資本主義経済体制は保証されたものの、あれから30年近くが経とうとする現在、中国政府の影響が確実に強まっています。

それが決定的になったのは、２０１９年に始まった大規模なデモです。中国の捜査当局が、香港政府に対して犯罪事件の容疑者の身柄引き渡しを要求できるようにする法案に反対する大きなデモが香港で起きました。このデモは半年以上におよび、法案は撤回されました。しかし、２０２０年6月には、香港におけるあらゆる反体制活動を禁じる「香港国家安全法」が制定されました。そして、多くの香港の民主活動家が身柄を拘束されました。そして、香港の国会にあたる立法会の選挙に民主活動家は立候補することができなくなりました。これら一連の香港の「自由」を制限する法律や措置に対しては、国際的な非難が集まっていますが、**香港における一国二制度はもはや形骸化している**と言っても過言ではありません。

そして、このような情勢を踏まえると、香港がいつまでオフショアの金融センターとしての地位を保ち続けていけるのか、甚だ不透明です。

実は、中国政府はかねてより上海を金融センターに育てたいと考えています。中国にとって香港は足かせでしかありません。上海が金融センターとして独り立ちすれば、これまで香港が担っていた機能はすべて上海に移されてしまう可能性が高いでしょう。

事実、香港で資産を運用していた中国人投資家の多くは、すでに香港から脱出しつつあります。私たちとおつきあいのある香港のビジネスパーソンは、資産管理会社は他国に持ち、香港には拠点を置いていないと話していました。お子さんもアメリカの大学でＭＢＡ（経営学修士）を取得させていたようです。彼は「これから香港で何が起きても大丈夫です」と言っていましたが、同じ中国人だからこそ、中国共産党による政治リスクを事前に察知することができているのでしょう。

　香港にある銀行や会社も手を打ちはじめていて、香港上海銀行も本店はイギリスにあり、大手商社のジャーディン・マセソンも、本店を香港からバミューダに移しています。お金を持っている富裕層は、すでに香港を去っているのです。

　このように長期的な視点で見ると、香港をオフショアとしてすべての資産を避難させることは、おすすめできません。今後、中国の影響が強くなればなるほど、資産運用のリスクが高まると考えておく必要があります。

リーダー不在のシンガポールは高リスク

　日本人から見て、距離的に香港の次に近いオフショアが、東京から飛行機で7時間ほどの場所にあるシンガポールです。近年は、前述したような香港の状況から、中国人のお金が香港からシンガポールへ流れているとも言われています。

　香港が抱えているチャイナリスクに比較すれば、シンガポールはより安全なオフショアと見ることができるでしょう。

シンガポールは1965年にマレーシアから分離して以来、初代首相であるリー・クアンユーとその与党である人民行動党のリーダーシップの下で、事実上の独裁体制が続いています。「統制国家」と言ってもよいほど、システムはしっかりと整い、瞬く間に世界の金融センターの地位を得ることができました。

国土が狭い（東京23区とほぼ同じ）シンガポールでは、中心部に住居を構えられるのは一部のエリートだけです。彼らは格安で住居を購入することができますが、外国人は数億円を出さなくては住居を購入することができません。そのため、隣国マレーシアに住みながらシンガポールに資産を置くという外国人富裕層も増えています。シンガポールはそれほどに人気のオフショア地域なのです。

これまで、世界中から著名な富裕層がシンガポールに拠点を移しており、ウォーレン・バフェット氏、ジョージ・ソロス氏とともに世界三大投資家のひとりと呼ばれるジム・ロジャーズ氏もアメリカを離れ、家族でシンガポールに移住しています。

ただ、かつては日本人にとって絶好のオフショアセンターであったシンガポールにも、徐々に歪《ひず》みが生まれつつあります。建国の父・リー・クアンユーは2015年3月に91歳で亡くなり、彼の同志の多くも鬼籍に入っています。2004年以降は、彼の息子であるリー・シェンロンが首相の座に就いていますが、２０２４年に後任に首相の座を譲る発言をしています。

これまで、リー・クアンユー体制による強力なリーダーシップの下で経済発展を続けてきたシンガポールですが、建国から60年近くが経とうとしている今後は、政治的な混乱が起きることも予想されます。コロナ禍で行われた２０２０年の総選挙では、与党の支持率が過去最低となり、国民が外国人受け入れを促進してきた政策にノーを突き付けたことも、ひとつの転換点です。

移民は紛れもなくシンガポールの経済成長の原動力になっていたのですが、国土が狭いことから、住宅や雇用などの奪い合いとなり、移民への反発心が高まってきたものと考えられます。

こうした背景から、シンガポールは外国人の流入を抑止する方向に舵を切りました。したがって、今後は経済発展のスピードが落ち、日本のような急速な少子高齢化が進行することさえ考えられます。

ここに追い打ちをかけるのが、香港と同様、チャイナリスクです。

中国人の資金は香港からシンガポールに流れており、影響度は徐々に増しています。このことは、現時点では大きな問題ではないかもしれません。むしろ、中国の経済成長による恩恵がシンガポールにもたらされるでしょう。しかし、これは中国の経済成長が続く限り、という条件付きです。

現在の中国は、一人っ子政策の弊害により急速に少子高齢化が進んでいるほか、ゼロコロナ政策の失敗や不動産バブルの崩壊、さらにはアメリカとの関係悪化など、中国共産党一党独裁体制による統治に問題が生じています。

産業においては、ファーウェイやアリババ、テンセントといった大手IT企業がグローバルに成長を続けていますが、これも皮肉なことに中国の首を絞めることになるかもしれません。なぜなら、中国は約14億人もの人口を抱えているからです。IT化が進めば、人間の労働力がいらなくなるため、中国の多くの若者が職を得られなくなる可能性が高まります。IT産業に関わる一部の個人が富を蓄積し、その他大勢が貧困にあえぐことになれば、社会不安は高まり、中国の経済成長を押しとどめてしまうかもしれません。

こうした変化は、目に見える形ですぐに起きるものではありませんが、気がついたときには手遅れになっている可能性も考えられます。

やがて、中国の影響力が高まるシンガポールも、安心して資産を預けられるオフショアではなくなっていくでしょう。

歴史的に安定しているスイス

オフショアと言われる国・地域であっても、固有のリスクが存在することをおわかりいただけたでしょうか。

ここで最後にご紹介したいオフショアがスイスです。スイスは、香港やシンガポールと比べて、オフショアとしての歴史と実績において、格の違いを見せつけます。**「オフショアの元祖」**とも呼ばれるスイスのルーツは、17〜18世紀にまでさかのぼります。

現在のスイスについて知る前に、少しだけその歴史をひもといてみましょう。

アルプスの山岳地帯に位置するスイスは、土地は農業に向かず、産業も乏しく、ヨーロッパの中では貧しい地域でした。

日本人にとってはアニメ『アルプスの少女ハイジ』で描かれた牧歌的風景や「永世中立国」という言葉から連想される平和的なイメージが強いかもしれませんが、スイスの数少ない産業の一つが実は「**傭兵**」でした。屈強な体躯を活かした若者たちが、近隣の国家間の戦争に傭兵として参加し、外貨を稼いでいたのです。自らの生命をかけたこの産業は**「血の輸出」**と呼ばれました。スイスは、若者の「血」を差し出さなくてはお金を得られないほどに、貧しい国だったのです。

傭兵の若者たちが命がけで持ち帰った報酬は、自身の生命を危険にさらして手にしたものだけに、かなりの高額でした。しかし、彼らは再び傭兵として戦争に出かけるため、財産をスイスに残しておく必要がありました。とはいえ、そのまま家の中に置いておくのは危険です。

こうした傭兵のお金を管理する役割を担うべく、「プライベートバンク」という制度が生まれたのです。また、同時にプライベートバンクは傭兵の財産を安全に管理するだけではなく、戦地から戻らなかった傭兵の家族に対し、保障をするという機能も併せ持っていました。

こうして、スイスのプライベートバンクは、資産の保全と運用についてのノウハウを蓄積していったのです。

後に戦火にさらされていたスイス周辺の国々の富裕層たちからもプライベートバンクは注目を集め、スイスへ徐々に資産が集まり始めました。資産を自国に置くよりもスイスのプライベートバンクに預けたほうが安全に管理できると、彼らは考えたのです。

スイスのプライベートバンクの歴史は地域によって異なります。

ジュネーブのプライベートバンクは、フランス革命のときに王侯貴族が資産を避難させたのが始まりだとされています。

フランスに近い西部のジュネーブでは、フランス国内で迫害されたキリスト教の改革派「ユグノー（新教徒）」のお金を持ってきた人たちの運用を始めて、金融力を高めました。

北部に位置するチューリッヒやバーゼルは、東欧不安によって流れてきた資金が集まってきたことがルーツです。

一方、イタリア語圏のルガーノは、イタリアから資産が集まったのが始まりとされています。

いずれにせよ、スイスのプライベートバンクは「**資産を守る**」ことがルーツと言えます。不安定な国の情勢から生まれた「**頑固で、何があっても大切なものを守る**」という国民性に加え、時を経て金融などのノウハウを蓄積した結果、現在のように世界の富裕層から資金を任せられるようになったのです。

世界中の富裕層マネーがスイスに集まる理由

昨今、香港からシンガポールに多くの資金が移動しつつあるように、あるオフショアでリスクが高まれば、他のオフショアに資金が流れていくのは当然のことです。富裕層はリスクに敏感に反応するものであり、また、そうあるべきものだと思います。

したがって、スイスに集まっている資金も、富裕層が何らかのリスクを感じれば、スイスから移動するはずです。

しかし、17〜18世紀から現在に至るまで、スイスには世界の資産が集まり続けています。そして、世界トップクラスの金融センターとして評価され続けているのが事実です。この歴史と実績こそが、世界の富裕層が、資産の保全・運用先としてスイスを選択する最大の根拠なのです。

事実、ロシアのウクライナ侵攻やイスラエルとイスラム組織「ハマス」の戦い、そしてアジアで高まる台湾有事のリスクなど、不安定な世界情勢を背景にして、世界の資金がこれまで以上の規模でスイスに集まっています。

スイスの銀行協会が定期的に作成しているレポートによると、スイスで預かっている資産の額は世界一です。さらに、「**世界のオフショア資産の3分の1をスイスの金融機関が管理している**」というレポートもあり、世界中の富がスイスに集まっていることがわかります。

スイスは世界の金融センターであるとともに、特に「**富裕層の資産**」を受け入れる金融センターとしての地位を確かなものとしています。第４章でさらに詳しく説明しますが、現在はＡＩ（人工知能）をはじめとする最新システムの導入も進んでおり、資産を守るだけでなく、運用して積極的に増やす方向にも力を入れています。

アマゾン創業者であるジェフ・ベゾス氏や、マイクロソフト創業者のビル・ゲイツ氏のように、ＩＴビジネスを中心に兆単位の資産を持つ富裕層の数が増えています。このトレンドは今後も続くことでしょう。そうした資金は、自国だけで運用すれば税金などのリスクが高いため、スイスに預けられることが十分に考えられます。

日本においても、不況が続いているなかで「富裕層」と呼ばれる個人は増えています。野村総合研究所の調査（図表２－１）によると、２０２１年の純金融資産保有額が1億円以上5億円未満の富裕層は１３９・5万世帯、同5億円以上の超富裕層は9万世帯に上り、

図表2-1　世帯の純金融資産保有額（2021年）

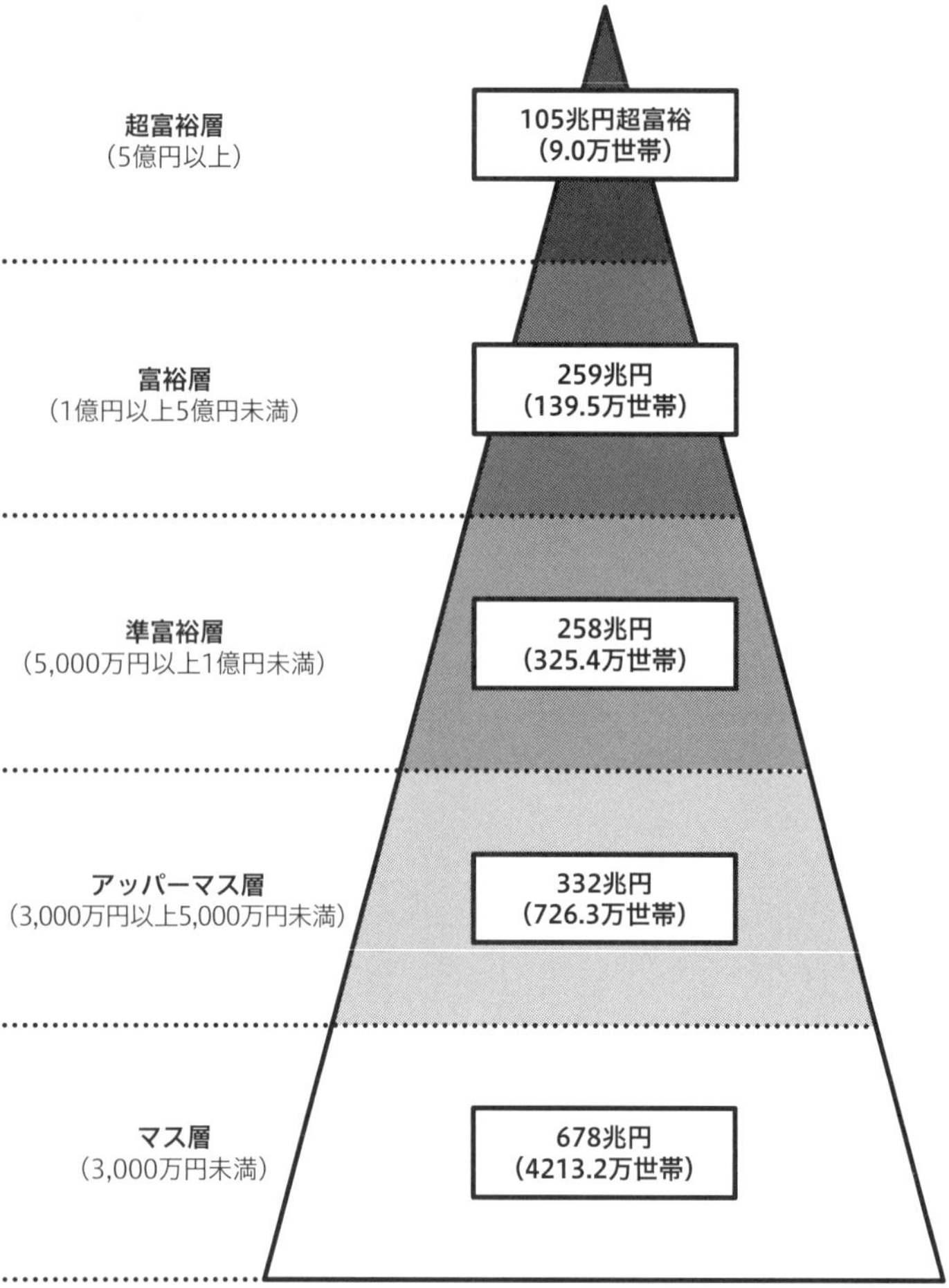

出所：国税庁「国税庁統計年報書」、総務省「全国家計構造調査（旧全国消費実態調査）」、厚生労働省「人口動態調査」、国立社会保障・人口問題研究所「日本の世帯数の将来推計」、東証「TOPIX」および「NRI生活者1万人アンケート調査」、「NRI富裕層アンケート調査」等より野村総合研究所推計

両者を併せた１４８・5万世帯は、２００5年以降の最多人数を記録しています。

このような資産を、名実ともに世界トップのオフショア金融センターであるスイスへ預ければ、しっかりと守り、増やしていくことができるのです。

それでは、いよいよ次章からは、ベールに隠されたスイス・プライベートバンクの実態についてお伝えしていきましょう。

第3章　富裕層を惹きつけるスイス・プライベートバンク

プライベートバンク＝個人のための銀行

本章では、スイス・プライベートバンクの実像についてお伝えしたいと思います。

海外に資産を移し、保全し、運用するメリットについては、第2章でお伝えしました。その上で、ただ海外に資産を移すのではなく、保全と運用を任せる「**金融機関選び**」にも目を向ける必要があります。

なぜなら選ぶ金融機関によって、得られるサービスや期待できる運用メリットなどが大きく異なるからです。

私たちは、ある程度の資産を持つ方であれば、大切な資産を保全・運用し、お子さまなどへ継承するには、**スイス・プライベートバンクの活用が最適**と考えています。

ここで改めて「プライベートバンク」とは何かについて説明しましょう。プライベートバンクとは、文字どおり「**プライベートな（個人のための）バンク（銀行）**」です。

これまでプライベートバンクを利用したことのない方は、プライベートバンクのことを「情報を漏らさない銀行」「脱税のために使える銀行」といった偏ったイメージを持たれているかもしれません。

しかし、プライベートバンクの本質は「**個々人に合わせたサービスを提供する**」という点にあります。大手のプライベートバンクであっても、せいぜい１００人程度のスタッフ数で運営されており、それぞれの顧客に専任の担当者がつき、まさに「**オーダーメイド**」と言える資産管理サービスやアドバイスを提供しているのです。そして、安全に経営を続けるために法令遵守も徹底しています。

こういった特徴を持つため、プライベートバンクの担当者は、数十年にわたって顧客の世話をしてくれます。ここが異動や転職などで担当者がコロコロ変わる日本の金融機関とは大きく異なる点です。万が一、担当者が高齢で引退するようなことになっても、ある程度の時間をかけて後任者への引き継ぎがなされ、変わらぬサポートを期待することができます。もちろん、顧客の側から、「あの担当者とは相性がよくないから、別の人に変更してほしい」という希望を出すこともできます。

このような手厚いサービスを受けられるのは、料金体系による影響も大きいと言えるでしょう。プライベートバンクの収益のメインは、預かった資産に応じて受け取る「**管理費**」です。顧客の資産を着実に増やしながら末永く管理することが彼らの利益になりますから、ウィン・ウィンの関係を築くことができます。

これは、いたずらに顧客に金融商品の売買を繰り返させて手数料を稼ごうとするスタイルの金融機関とは180度異なるビジネスモデルです。日本の金融機関では、顧客が受け取る運用益よりも支払う手数料のほうが多いことさえありますが、スイス・プライベートバンクに一定の資産を預けていれば、そのようなことは基本的にありません。

第1章でお伝えしたとおり、日本に暮らす富裕層の方々の経済的リスクは高まり続けています。そのため、これからの日本では「**ファミリーで財産を守る**」という意識がより顕著になると予想しています。「**国に頼ることができないから、自分たちだけで何とかしよう**」と考える富裕層は増えていくでしょう。

そういった意味では、昔から何世代にもわたってファミリーの財産を守ってきたプライベートバンクのノウハウはうってつけです。

実は知られていないスイスのユニークさ

前章の最後にお伝えしたように、プライベートバンクを「発明」したのは、スイスです。

ここで、プライベートバンクと他の銀行の違いを知っていただくためにも、プライベートバンクが生まれたスイスという国の特色について、もう少し詳しくお伝えしましょう。

まず、地理的な位置を見てみると、スイスはヨーロッパの中央に位置し、周囲をフランス、ドイツ、イタリア、オーストリア、リヒテンシュタインに囲まれた内陸国です（図表３－１）。国土の大半は山岳地帯であり、標高４０００メートル級の山が連なり、とりわけイタリアとの国境にあるマッターホルンは、アルプスのシンボルとして有名です。

次に、国家としての概要を見てみましょう（図表３－２）。

人口は約８７０万人と日本の大阪府と同じくらい、国土の面積は日本の九州よりもやや大きい程度ですが、グローバル企業が少なからず生まれています。たとえば、日本では「キットカット」やコーヒーで知られる食品メーカーのネスレ、世界的医薬品メーカーであるロシュやノバルティス、世界的時計メーカーであるロレックスやオメガ、スウォッチといった、日本でも著名な企業はスイスで設立されました。

このようなグローバル企業をスイスが生み出せたのは、外部からよいものを取り入れる柔軟さを持っているからと考えられます。スイス人は保守的な国民性で有名ですが、実はスイス人の３分の１は外国にルーツがあると言われており、公用語が４つもあるのです。

図表3-1　スイス連邦の位置

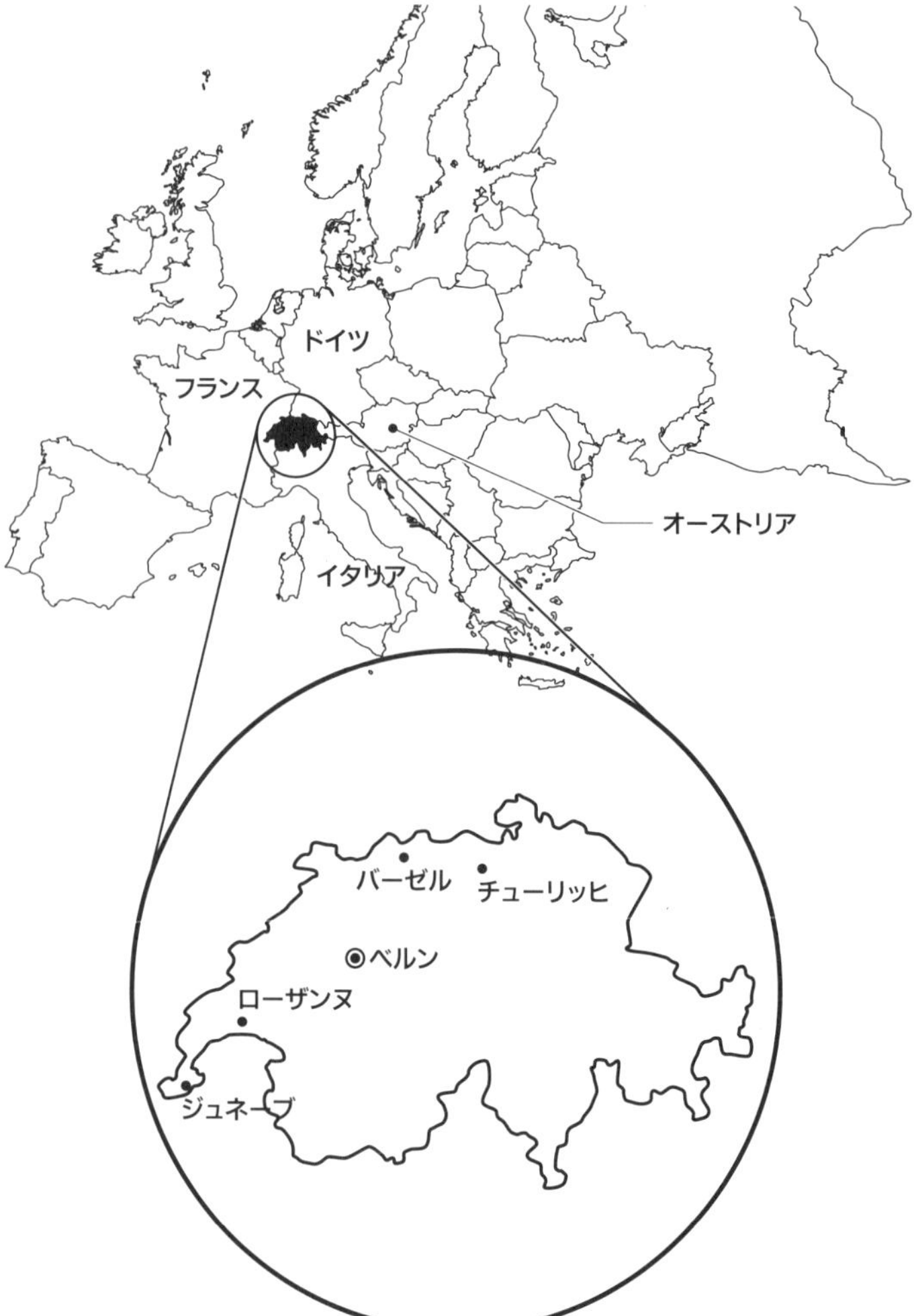

図表3-2　スイス連邦の概要

面積	約4.1万平方キロメートル（九州と同じくらい）
人口	約870万人
主な都市	ベルン（首都）、チューリッヒ、ジュネーブ、バーゼル、ローザンヌ
民族	主としてゲルマン民族
言語	ドイツ語（約65%）、フランス語（約20%）、 イタリア語（約10%）、ロマンシュ語（約5%）
通貨	スイス・フラン
主な産業	機械・機器、金融、食品、製薬、観光、農業
宗教	カトリック（約37%）、プロテスタント（約28%）
政治	直接民主制、2院制（上院46議席、下院200議席）
建国記念日	8月1日
外交基本方針	中立政策の維持と国際協調、EUとの関係強化、人道面における積極的な国際貢献

ジュネーブに近いレマン湖から望むスイスの名峰マッターホルンの遠景

小さな国土の中に、ドイツ語（人口の約65％）、フランス語（同約20％）、イタリア語（同約10％）、そして昔のラテン語に近いロマンシュ語（同約5％）を話す人々がともに暮らすのがスイスという国であり、そうした多様性のある文化が、グローバルにビジネスを拡大する原動力となっているのかもしれません。

また、スイスでは、国民が権力の一極集中を嫌う姿勢も見て取れます。

スイス国内には「**カントン**（Kanton）」と呼ばれる州が26あり、それぞれが独自の憲法や政府、議会を持っています。連邦制であるため、地方自治が当然のものとして受け入れられ、なかには独自のパスポートを発行しているカントンもあるほどです。

スイス政府は、「**連邦大統領**」と呼ばれる役職を、連邦参事が年齢順に持ち回りで1年間担当します。連邦大統領といっても、国家元首としての機能は持っておらず、外交などで国家の代表として儀礼的に振る舞う程度です。この点で国家元首として法律で規定されているドイツなどの連邦大統領とは異なります。

国民投票が行われることも多く、直接民主主義的側面もあります。このため、政治家の暴走によって法制度が大きく変えられるなどのリスクが極めて低いと評価されています。

世界でもトップレベルの低リスク国家

プライベートバンクでの資産保全・運用を求めて、世界の富裕層の資産がスイスに集まっていることは説明しました。プライベートバンクが持つ、優れた資産保全・運用の実績やノウハウを評価してのことです。しかし、プライベートバンクがいくら優れていても、その拠点がある国や地域がリスキーであるなら、富裕層がお金を託そうとは思いません。世界のお金が集まる背景には、スイスという**世界でも有数の低リスク国家**の存在があるのです。

ヨーロッパの真ん中に位置し、常に戦火にさらされていたスイスは、19世紀初頭以来、**永世中立国**として歩んでいます。国際連合に加盟したのは2002年と最近のことであり、他の国際機関には加盟することなく、常に他国と一定の距離をとっています。

こうした独自の歩みは、自国のシステムを堅持するためでもあります。

他国間で戦争が起こったとしても、永世中立国であるスイスは、その戦争の圏外に立つことを宣言しています。戦争は国のシステムを揺るがす、最も大きな要因の一つですが、永世中立国であることで、こうしたリスクから逃れられます。

国際機関への加盟も同様です。たとえば、ＥＵ（欧州連合）に加盟してしまうと、政治面、経済面でのシステムをＥＵの基準に合わせなくてはならなくなります。これによって、プライベートバンクが守ってきた、顧客の秘密保持などの制度が脅かされる可能性があります。

しかし、スイスは常に他国と一定の距離をとっているため、こうしたリスクは低く、世界の富裕層や資産家は安心して、資産を託すことができているのです。

もちろん、スイスのこうした姿勢は、実力に裏づけられたものです。力のない国家が、このような態度をとろうと思っても、他国が認めてくれるはずがありません。

スイスは永世中立国であり続けるために、世界でもトップクラスの自衛力を維持しています。男性は20歳になると兵役訓練を受け、その後も2年ごとに訓練を繰り返します。20年間で合計10回の訓練が終了すると、各人に自動小銃や弾薬が支給されます。これで、自らや家族、地域、国家を自衛するわけです。

すべての居住施設の地下にはシェルターが設置され、そこに3カ月分の食糧が備蓄されています。各公共施設には、戦闘時の役割が事前に振り分けられ、男性は戦闘で市街地を破壊された際には、アルプスに逃げ込み、ゲリラ戦を行う準備ができています。

このように、**徹底的なリアリズム**に基づくリスクマネジメントが実現している国が、スイスなのです。

スイスが低リスク国家であるのは、対外政策によるものだけではありません。**財政面でも非常に安定しています。**１９９０年代から２０００年にかけての時期は、一時的に財政収支が赤字化していましたが、２０００年以降は立て直しに成功し、財政収支は均衡しています。近年、財政の赤字化が予想された時期もありましたが、実際には財政は黒字化しました。国家財政が火の車の日本とは、１８０度異なる盤石な財政状態です。そのため、極端な税制改正によって、資産に対して大きな税金を課される、といった心配もありません。

そもそも、本章の冒頭で説明したように、権力が一極に集中しない政治システムを構築しているために、急激な課税強化などが決定される可能性は極めて低いと言えるでしょう。

このように、**対外的にも国内的にもリスクヘッジが行き届いている**、非常に安定した国家がスイスなのです。

現在、アメリカや中国、ロシアなど、権力の一極集中により国内情勢が不安定になっている国は少なくありません。国が不安定であれば、資産運用のパフォーマンスにも少なからず影響がありますから、この意味からも、安定したスイスに資産を預けることには一定の合理性があるものと思います。

ゼロではないが「非常に低率」な税制

前述したように、連邦国家であるスイスは複数のカントンで構成されているため、細かい法律はカントンごとに異なります。

スイスは州税として相続税および贈与税が課されます。被相続人または贈与者の住所が属する州により、税率が異なります。被相続人がスイス居住者でない場合は、相続税は課税されません。なお、スイスの26州では相続税を補完する役割を持った富裕税の課税があります。

ヨーロッパの各国と比較して、所得税も非常に低く設定されています（連邦税は0・1～11・5％、州税・地方税は0～30％）。ヨーロッパの富裕層といえば、所得税のないモナコに住むのが定番のイメージですが、実はスイスに住んでいるセレブも非常に多いのです。

なぜでしょうか？　それは「**所得税が非常に低い**」という点がポイントです。「ゼロ」ではなく、「非常に低い」のです。

所得税はカントンごとに税率の違いが大きく、資産家は当局と調整して各自の税率を決めることができるという、うれしい配慮があります。近年、モナコに住むセレブに対しては「税金逃れ」というネガティブなイメージとともに風当たりが強くなっています。こうした「世間の視線」を嫌って、低率の所得税を払うことで納税の義務を果たせるスイスへと移住するセレブが増えているのです。

また、タックス・ヘイヴンは世界各地に存在しますが、日本と租税条約を結んでいる地域はまだ少数です。租税条約の締結がない場合は、二重課税が排除しにくいということもあり得ます。しかし、租税条約を結んでいるスイスであれば、二重課税された場合の一定の調整が認められています。

スイスではペイオフの不安なし

第2章でも触れましたが、日本の銀行が倒産した場合、ペイオフによって1口座あたり

1000万円までの預金元本とその利息は保護されます。逆に言えば、1000万円以上の預金に関しては、ほぼ戻ってこないと言ってよく、多額の金融資産を持つ富裕層の方々にとっては悩ましい問題です。

かといって、たとえば3億円の資産を1000万円ずつ30口座に分けて預けるような対策をすると、その管理が非常に煩雑になります。通帳などが散逸するリスクがありますし、何よりも銀行とのやりとりが膨大になるため、現実的ではありません。

まず、スイスの銀行はすべて、日本の金融庁にあたる当局の管理下にあります。つまり、スイス連邦銀行委員会から業務許可を得なくては、銀行業を営むことはできません。そして、ほぼすべての銀行がスイス銀行協会に加盟していて、協会が定めた顧客情報の保護や、ガイドラインに沿った資産保全が義務づけられています。

株式やファンド、債券などの**顧客の金融商品は、完全に分離口座で管理されています。**万が一口座を管理する銀行が倒産しても、預けている資産が戻ってこないというケースは99%ないのです。

また、預金にしても、プライベートバンクのポートフォリオ（資産構成）では、顧客の資産を「預金」として保有・運用するケースはわずかです。スイス・フランで保有することもほぼありません。

資産をプライベートバンクで一括管理しながら、しかもいざというときの保護も受けられる点は、スイスの大きな強みです。

リスクヘッジ通貨の代表「スイス・フラン」

2015年年頭、スイス・フランが暴騰しました。これはスイス・フランの過度な上昇に歯止めをかけてきたスイス中央銀行が、スイス・フラン高阻止政策を放棄したことによるものです。スイス・フランが本来の評価に基づいたレベルまで上昇したと言えばそれまでですが、ドルやユーロに対して一時的に40％近く急上昇したことで、金融マーケットに大きな影響を与えることになりました。

これによってスイスのプライベートバンクも、何らかの影響を受けるのではないかと不安を感じた人がいたかもしれません。

「預けている資産が為替変動の影響を受けて目減りしたりしているのでは？」という不安です。しかし、プライベートバンクの顧客の資産にはまったく影響はありませんでした。

そもそもスイス・フランの場合、これまでが安すぎたというのが、今回の暴騰の原因です。確かに上昇自体は急激でしたが、為替レートでは、このラインが妥当だと思います。

スイス・フランをはじめ、ノルウェー・クローネやシンガポール・ドルはヘッジ通貨と言われています。なかでもスイス・フランは「有事の金、有事のドル」と並び「**有事のスイス・フラン**」と称されるほどです。

しかし、どの通貨も流通量が少ないため、資産をこれらの通貨で運用しようとすると、その動き自体で大きく為替が変動してしまいます。そのため、プライベートバンクでは、こうした通貨で多くの資金を運用することはありません。

ヘッジ通貨と言われるのは、リスクヘッジのために多くの資金がこれで運用されているというよりも、その通貨を発行している国のリスクが低いとマーケットに評価されていると考えるべきです。実際に、こうした国々は財政赤字も少なく、政治的なリスクも低いところばかりです。

先年のスイス・フランの暴騰は、スイス・フラン自体の変動というよりも、ユーロを含めた各国の通貨の動きが、世界的に不安定になっていることの現れ、と見ることができます。

そのためにも世界の資産家は、自らの資産を安全に管理・運用する場所を見つけるべきなのです。そしてその場所こそ、スイスのプライベートバンクです。

スイス・プライベートバンクの分類

スイス・プライベートバンクにはいくつかの分類方法があります。

①地域による分類

スイス国内には20~30行のプライベートバンクが存在します。それらは、主に所在地により、「ジュネーブ系」「バトゼル系」「チューリッヒ系」「ルガーノ系」の4地域に分類されます。

このうち、第2章で説明した傭兵たちの資産を守る銀行としてスタートしたのが、チューリッヒ系やバーゼル系と呼ばれる、スイス北部のドイツ語圏のプライベートバンクです。これらには東欧不安によって流れてきた資金も集まっています。

一方、スイス西部のフランス語圏のジュネーブ系は、17世紀から18世紀にかけて君臨したフランス国王ルイ14世から宗教迫害を受けて逃れてきたユグノー（カルヴァン派プロテスタント）たちの資産を管理するための銀行としてスタートしたのがルーツです。近年は中東のオイルマネーも多く受け入れています。

そして、南スイスのルガーノ系は、イタリアの資産が多く流れてきていることで知られています。

②規模による分類

大規模なプライベートバンクとして知られているのは、ピクテ、ロンバー・オディエ・ダリエ・ヘンチ、ジュリアス・ベア、EFG、エドモン・ドゥ・ロスチャイルドといったところです（図表3－3）。ただし、大手といっても、スタッフ数が全員で1000～2000人程度にすぎず、世界各国のメガバンクなどと比べると、かなり小規模です。

中小規模のプライベートバンクとしては、ミラボー、ホッティンガー、ラ・ロッシュ、ゴネ、ボーディエといったところが挙げられます。

さらに小規模なプライベートバンクも存在します。スタッフ数は100人規模で、代々続く老舗商店といった趣です。

図表3-3　プライベートバンクの分類

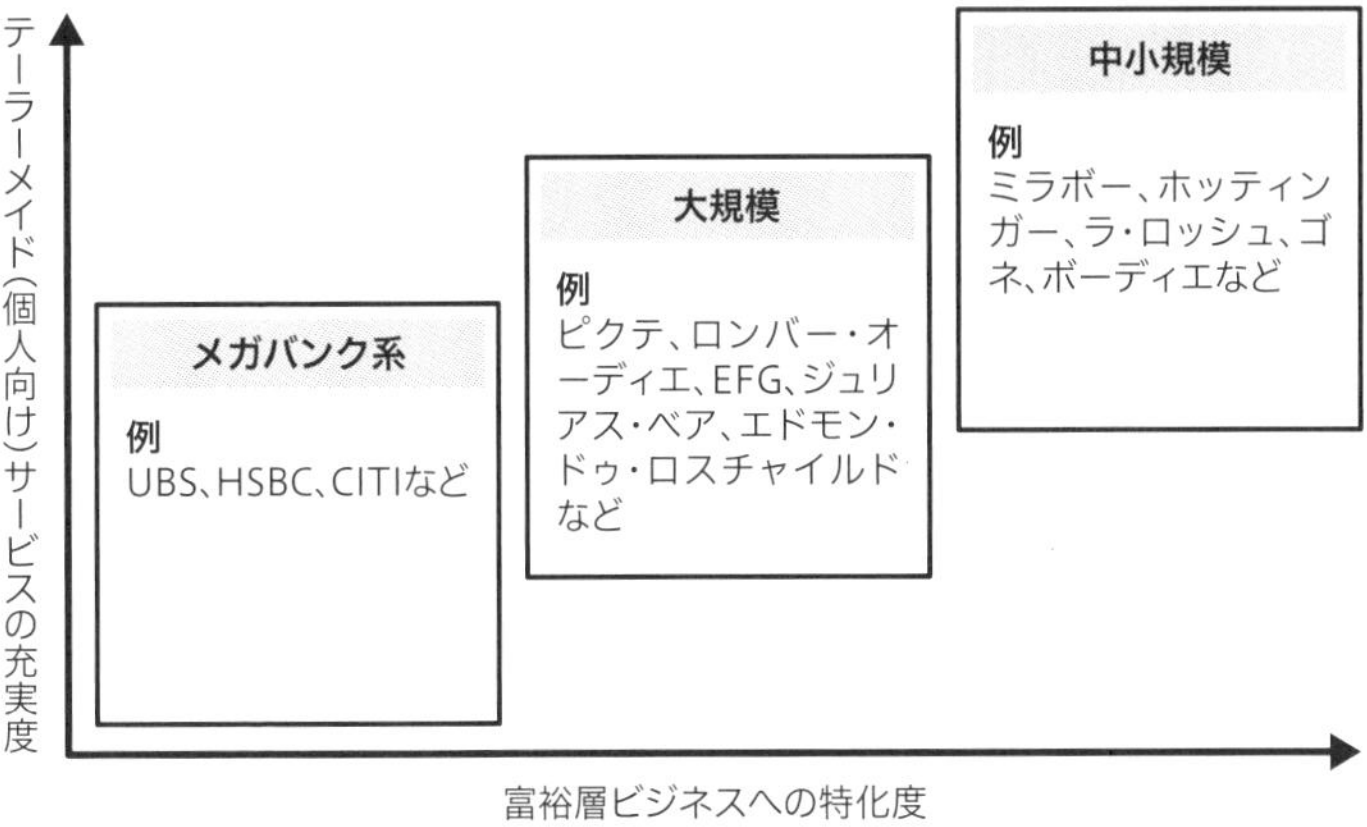

日本のメガバンクの立派な建物を見慣れた目には、中小規模以下のプライベートバンクを訪れると、そのコンパクトさに驚かれるかもしれません。こぢんまりとした一軒家で運営されているプライベートバンクもあるくらいですから、ギャップを感じるのは当然です。

しかし、彼らの資産保全・運用の手腕は確かなものです。彼らは顧客の資産保全・運用に長けたスペシャリストの集まりであり、そのノウハウによって顧客との信頼関係を築いていることから、顧客の財産を毀損するような広い建物や華美な装飾などにコストをかけようとしはしません。

スイス・プライベートバンクの選び方

では、複数あるプライベートバンクのなかで、どれを選べばいいのでしょうか。

スイスのプライベートバンクを束ねる代表的な組織が「スイス・プライベートバンカーズ協会」で、現時点で5行が加盟しています。

スイス国内のプライベートバンク間では当然、競争があります。この競争は熾烈《しれつ》ですが、非常にフェアなものです。そのため、手数料などはどこもほぼ同水準になっており、サービスの内容にもそれほど大きな差はありません。

差がつくポイントがひとつあるとすると、**「預かり資産の運用成績」**ということになります。こちらも激しい競争が行われています。

スイスのプライベートバンクは自らの資産を運用しているわけではないので、収益源とするのは手数料（管理費）収入に限られます。運用成績の悪いプライベートバンクからは、顧客は資金を引き上げようとします。だからこそ、各プライベートバンクは必死になって顧客の資産を運用し、高いパフォーマンスを維持するのです。

1845 年創業のゴネ本店の入り口（ジュネーブ）

1965 年設立のエドモン・ドゥ・ロスチャイルド本店の入り口（ジュネーブ）

1844 年創業のボーディエ本店の入り口（ジュネーブ）

スイス有数の国際金融都市ジュネーブの金融街

大手のプライベートバンクは株式会社化が進み、従来のパートナーシップ制（第4章で説明します）から変わってきている様子が見られますが、中小規模のプライベートバンクは、そんなことはありません。顧客をじっくりフォローする体制を維持しています。

ただし、中小規模のプライベートバンクは、規模が小さくスタッフも少ないため、日本語での対応ができないところも少なくありません。もし、現地の担当者と直接やりとりができる語学力があるか、後ほど説明する「**エクスターナル・マネジャー**」と呼ばれる、現地とのやりとりを代行してくれる専門家に依頼するのであれば、中小規模のプライベートバンクを選択するメリットは多くありそうです。

プライベートバンクが恐れる顧客のスキャンダル

資産を預ける立場から考えると、経営状態に不安のある金融機関を利用したいとは誰も思わないでしょう。

スイスのプライベートバンクは信頼性を何よりも重要視しているのですが、このことは彼らの「**スキャンダルを非常に嫌う**」という特徴に表れています。

スイスのプライベートバンクは、自身のスキャンダルはもちろん、顧客がスキャンダルに見舞われることにも非常に敏感です。いかに大きな金額の資産を持っていようと、怪しげな顧客を受け入れることをよしとしません。なぜなら、たとえ一顧客のスキャンダルであっても、プライベートバンクが、そして他の顧客が、スキャンダルに巻き込まれてしまうこともあるからです。

プライベートバンクではありませんが、実際、このようなスキャンダルがありました。2003年に起きた五菱会事件です。

これは日本の犯罪組織の資金がスイスの大手銀行クレディ・スイス（2023年に経営破綻し、UBSグループと経営統合）の口座に移され、マネーロンダリング（資金洗浄）に利用されたとして、日本とスイス両国の捜査が入りました。このようなことがあると、クレディ・スイスの評判が落ちるだけでなく、顧客離れにつながることは明らかです。

なお、クレディ・スイスはユニバーサルバンク、いわゆる日本でいう都市銀行に相当するので、そもそもプライベートバンクではありません。

プライベートバンクなら、マネーロンダリングの可能性が疑われるようなお金は決して預かりません。前述のとおり、各プライベートバンクは熾烈な競争を続けており、サービスはどこも一流です。別のプライベートバンクに乗り換えることも容易ですから、スキャンダルに見舞われたプライベートバンクからは顧客はさっさと逃げてしまうでしょう。

だからこそ、プライベートバンクはスキャンダルを嫌って徹底的に避けたいと考えるのです。こうした姿勢が、プライベートバンクの経営の安定、ひいては顧客にとっての安心感につながっています。

プライベートバンクの厳しい顧客情報管理

プライベートバンクの特徴の一つに挙げられるのが、「**顧客情報の守秘**」です。

このことは、実際にプライベートバンクの建物に入ると実感できると思います。仕切りが設けられ、基本的には担当するプライベートバンカー以外に顧客は顔を見られないようなつくりになっています。

もし街中で担当のプライベートバンカーと出会ったとしても、彼らは決して声をかけてきません。プライベートバンカーとつきあいがあると知られれば、それだけで富裕層であることが周囲に知られてしまうからです。

近年、主にアメリカの圧力によって、「脱税防止」という名目の下、各国の金融機関は顧客情報の開示を求められています。どこの金融機関も脱税を手助けするつもりはありませんから、「脱税防止のためなら」という対応をしています。CRSもそうした動きの一つです。

このような理由により情報を開示するのは、プライベートバンクも例外ではありません。もし開示を拒絶すれば、「スイスは脱税を手助けしている」という評判が立ち、かえって世界の信頼を失ってしまうことになるでしょう。

ただし、これは私たちの個人的見解ですが、プライベートバンクはすべての情報を開示しているわけではありません。プライベートバンクはアメリカなどの圧力よりも、顧客の情報の守秘を大切に考えているからです。

CRSなどのルールに則った情報開示は行うとしても、彼らが不用意に顧客情報を外部に漏らすとは考えられません。税務申告などを適切に行っている限り、顧客に不利益が及ぶことはないでしょう。

一生つきあうプライベートバンカー

プライベートバンクに口座を開設すると、担当のプライベートバンカーが決まり、１対１のおつきあいが始まります。

日本の金融機関のように、やりとりの度に担当者が代わるといったことはありません。これは、プライベートバンカーの離職率が非常に低いことも要因です。

プライベートバンカーの離職率が低いのは、高給を受け取っており、その他の待遇も悪くないからです。それに、仮にプライベートバンカーが退職して、他のプライベートバンクに移ろうとしても、５年間は同じ業種に再就職できない決まりになっています。

ここで、「プライベートバンカーとは、一体どのような人材なのか」が気になる方もいらっしゃるでしょう。

私、高島一夫は１９９０年から5年間、スイスの大手プライベートバンクであるピクテに在籍し、ベールに包まれていたプライベートバンクの内側を目の当たりにしました。以来、現在まで約30年間にわたり、スイスのプライベートバンクと関わり続けています。ここでは私の知っているプライベートバンカーの実情をお伝えしていきましょう。

プライベートバンカーには、広範にわたる金融知識はもちろんのこと、複数の言語を操る能力、そして高度なモラルも求められます。彼らは世界中の富裕層を相手にしなくてはなりませんから、求められるレベルも非常に高いのです。顧客から「こういうパフォーマンス（運用成果）を希望する」と言われれば、関係する運用部門に電話をして、顧客の要望を迅速に実現できるようにする実行力も問われます。したがって、一人前のプライベートバンカーを育てるのに、15年はかかると言われています。

意外に思われるかもしれませんが、スイスのプライベートバンクで働くプライベートバンカーのうち、スイス人の数は3割程度にとどまります。残る7割はアメリカやイギリスの金融業界出身の優秀な人材が占めます。彼らは、アングロサクソン的なパフォーマンス重視の仕事よりも、顧客本位のプライベートバンクの仕事を希望して、わざわざスイスのプライベートバンクに身を置いているのです。

このような背景から、プライベートバンカーの数そのものは、ユニバーサルバンクの行員に比べると少なくなっています。そのため、プライベートバンクで受け入れられる顧客の数にも限りがあります。そこでプライベートバンクでは預け入れ資産の最低ラインを引き上げるなどして、顧客の線引きをしているのです。

そして、数を絞った顧客に対して、プライベートバンカーは徹底的にサポートをします。資産保全や運用に関しての相談はもちろん、顧客の家族の将来を含めたライフプランに関しても親身になってアドバイスをしてくれるでしょう。時には顧客の子どもが学校に入学する際に推薦状を出してくれるケースもあります。

顧客との間にこのような関係を築くことができ、それを継続できるのは、世界の金融機関でもスイスのプライベートバンクにしかない特徴です。

プライベートバンカーの暮らしは質素

プライベートバンカーは、広範かつ豊富な資産保全・運用の知識を持ち、高給を受け取っています。

そのため、アメリカのウォール街で働くトレーダーのように、スイスのプライベートバンカーも華美な生活をしていると思われるかもしれません。しかし、私たちの知る限り、実際はまったく逆です。

国土の70％を山岳地域が占めるスイスでは、国民の多くが農業や畜産業に従事しているため、国民気質は「**まじめ**」「**律儀**」です。頑固でもあるので、他のヨーロッパ人から田舎者扱いされることも少なくありません。こうしたスイス人の国民性は、プライベートバンカーとしての姿勢にも反映されています。私たちは彼らが金持ちぶるのを見たことがありません。

今から45年ほど前のことですが、大手プライベートバンクの一つ、ロンバー・オディエ（当時）のパートナーの自宅を訪ねたときのことを鮮明に覚えています。

当時、彼は部屋数が40以上もある広大なお城に住んでいました。「週末に遊びに来なさい」と誘われたので行ってみると、彼は長靴を履いて野菜をつくっていました。羊や鶏などがあちこちにいる大きな庭の中で畑仕事をしていたのです。

彼は家族5人とメイド2人の合計7人で広大なお城に暮らしていたのですが、暮らしぶりはいたって質素でした。

彼らにとってのぜいたくとは、ブランド品で着飾ったり、夜な夜なパーティーを開いたりすることではなく、自然のものを食べることにあったのでしょう。無農薬の野菜を自分でつくって、健康的な環境で飼育した羊や鶏、鶏の卵を食べること。こうして健康的に長生きしようという考えがあったようです。

私が以前働いていたピクテ（当時）のパートナーも同様な気質でした。彼は数百億円規模の資産を持っていたはずですが、普段の行動からはそのような気配がまったく感じられず、いつもバイクで通勤している姿が印象に残る質素な紳士でした。

もう1人のパートナーは、ホンダのアコードで通勤していました。彼の自宅のガレージには、メルセデスベンツなどが並んでいて、30人乗りのクルーザーなども所有していたりしますが、誘拐を恐れて普段は日本車に乗っていたのです。

彼らは間違いなく高額所得者です。それなのにお金をひけらかすような生活の仕方をしないのは、「**誘拐や強盗を避けるため**」という生活の知恵でもあるのでしょう。ニューヨークのウォール街やロンドンのシティの金融マンとは、まったく性格が異なります。

「**資産は消費するものではなく、大切に受け継いでいくもの**」

スイスのプライベートバンカーの姿には、このようなスイス人の資産に対する考え方がよく表れていると思います。

プライベートバンクの源流？「勤勉と貯蓄は善」

日本人の感覚からすると、スイスのまじめで質素な国民性から、「お金」をイメージするのは難しいかもしれません。「まじめ」「質素」であるなら、「お金にはとらわれない」というイメージが一般的なのかもしれません。

しかし、これは「お金は汚いもの」という日本人独特のねじれた感覚によるものです。まじめで質素なスイス人はお金を軽蔑しません。

スイスは、キリスト教のなかでもカルヴァン派が多い地域です。

カトリックに対抗したプロテスタントは大きく「ルター派」と「カルヴァン派」に分けられます。ヨーロッパの農民たちに広く支持されたたルター派に対し、商人たちに支持されたカルヴァン派は、その支持層の影響もあってか、勤勉や貯蓄を善としていたのです。質素な生活をしつつも、お金のことはしっかりと考えていました。こうした国民性が、プライベートバンクの発展に寄与した部分は大きいでしょう。

アナリストがパフォーマンスを左右する

プライベートバンクには、顧客と直接接する担当のプライベートバンカー以外にも、顧客の資産に対して大きな責任を負っているスタッフたちがいます。それが「**アナリスト**」です。

証券会社や銀行、投資顧問会社などに所属するアナリストの仕事は、企業の増資や新製品開発の動向、収益や経営状態、そして国内外の全般的な経済、政治情勢など、幅広いデータや情報を調査・分析して、株価の評価や金融の将来予測を行うことです。

一方、プライベートバンクに所属するアナリストの仕事は、顧客の資産の運用先の候補となる世界中の金融商品の中から最適なものを探し出して、分析・評価することにあります。大手のプライベートバンクにはこうしたアナリストが１００人規模で在籍しています。

プライベートバンクにおける資産運用の詳細は第４章で説明しますが、その特徴は「**堅実性**」にあります。アナリストは世界中のあらゆる金融商品を把握していると言っても過言ではなく、そのなかから顧客の財産を守れるものを選んでくれます。

プライベートバンクが堅実であると同時に良好でもある運用成績を残すことができるのは、彼らアナリストの的確な分析があればこそです。アナリストが見つけた商品は、その後「**ポートフォリオマネジャー**」など、各分野のスペシャリストにより運用されることになります。

現在は、最新の金融商品を分析できる人材を獲得すべく、外部からも積極的に取り入れています。大手銀行やファンド運用会社など、最新の金融知識を持つアナリストを採用して、彼らに最新の金融商品の分析を任せています。

2008年のリーマン・ショックの引き金になったサブプライム・ローン問題は、急激に進化した金融モデルに対して、金融機関のアナリストの知識が追いつかず、そこに潜むリスクに誰も気づかなかったことが要因です。金融モデルの論拠になっていた計量分析の考え方が間違っていたことに、誰も気づかなかったのです。

この失敗を教訓に、アナリストたちは最新の計量分析の手法を学ぶようになりました。こうした知識を理解できなくては、正確に金融商品を分析することはできず、投資詐欺に引っかかる恐れがあります。

それだけに、最新の頭脳を取り入れることは、プライベートバンクにとって、攻めの戦略であると同時に、大きなリスクヘッジでもあるのです。

プライベートバンク・アナリストの判断基準

プライベートバンクに所属するアナリストの特徴として、「**目先の数字だけでは判断しない**」という点が挙げられます。

運用成績を確認するときは、短期ではなく長期間の数字をチェックし、利回りだけでなく、ボラティリティ（変動率）にも注目します。つまり、「どれだけ儲けたか」ではなく、「**どれだけ安定的に運用されてきたか**」をチェックしているわけです。

時には、パフォーマンス以上に、そのファンドを扱うファンドマネジャーの考え方や判断力、人柄まで評価することもあり、他の金融機関の判断基準とは大きく異なります。

昨今はコンピュータの発達により、ファンドによっては、人間ではなく、プログラミングにより売買の判断が行われること（システム売買）が増えているようです。これは、マーケットのトレンド（傾向）を判定して、それに追従するスタイルのファンドに顕著です。

しかし、プライベートバンクのアナリストが、コンピュータのプログラミングに判断を任せることはまずありません。ポートフォリオの作成や見直しは、アナリストがデータを基に、自らの経験と知識によって判断します。

プライベートバンクのアナリストは、株価などの定量的な要素だけではなく、運用する人物に対する定性的な要素も評価しているため、完全にプログラミングに任せることはできません。もちろん、彼らもAIなどの最新テクノロジーの導入を進めてはいますが、これまでの知見にプライベートバンクの独自のノウハウが加わり、安定したパフォーマンスを出すことができています。この点は、他の金融機関には真似のできない要素と言えます。

エクスターナル・マネジャーの役割と仕事

日本からスイスのプライベートバンクを利用する際、もうひとつ覚えておいていただきたい職種があります。それが「**エクスターナル・マネジャー**（external manager）」です。

エクスターナル・マネジャーは、プライベートバンカーと日本の顧客をつなぐ役割があります。

エクスターナル・マネジャーは、プライベートバンカーやアナリストとは違って、プライベートバンクに専属するスタッフではありません。プライベートバンクからは独立しており、**顧客とプライベートバンクのちょうど中間にいる存在**とイメージしてください。

プライベートバンクは、マーケティング、すなわちいわゆる宣伝活動を基本的に一切しません。それにもかかわらず顧客を獲得し続けている理由は、エクスターナル・マネジャーから紹介を受けるという仕組みがあるからです。

特に日本人の場合、英語を話せる人が少ないため、プライベートバンクと直接やりとりする際のハードルが高くなります。やりとりする文書も英語ですから、ここでつまずく人もいるでしょう。

最初に口座を開設する際には現地に赴く必要がありますが、プライベートバンクのことをよく知らないまま現地へ行くのは大変な負担です。そもそも簡単に担当者に会えるものではなく、会えたからといって口座を開設できるとは限りません。わざわざスイスまで行ったのに、口座を開くことができず、すべてが徒労に終わる可能性すらあります。

そうしたとき、私たちのようなエクスターナル・マネジャーが間に入って、スイスとのやりとりを代行することになります。

エクスターナル・マネジャーは、プライベートバンクから遠く離れた地域の富裕層にプライベートバンクへの口座開設などに関するお手伝いをする存在です。わざわざ現地に行かずとも、エクスターナル・マネジャーを経由すれば日本から口座を開設することができるのです。

エクスターナル・マネジャーにはもうひとつ重要な役割があります。それは、顧客の信用度を測る指標になっているという点です。エクスターナル・マネジャーを経由してコンタクトしてきた富裕層に対しては、プライベートバンクも口座開設に非常に前向きになります。**「エクスターナル・マネジャーがOKと判断した人物なら、信用できるだろう」**と受け入れてくれるのです。

とりわけ、何十年も仕事を続けているエクスターナル・マネジャーであれば、プライベートバンクとの信頼関係も強固なものになっています。後ほど説明しますが、プライベートバンクは最低限の預け入れ資産の基準を持っているものの、この基準を満たさない顧客であっても、エクスターナル・マネジャーのお墨付きということで口座を開設できる可能性もあります。

私がエクスターナル・マネジャーになったきっかけ

私がプライベートバンクと関係を持つようになったのは、彼らが運用スタイルを見直そうと考えている時期でした。ユニバーサルバンクの「プライベートバンキング・サービス」の利益第一主義の攻勢に遭っていたときでした。

それまでの保守的な運用だけでは、顧客を奪われてしまうと考えたプライベートバンクは、まずは自分たちでファンドを運用しようと考えました。しかし、そうしたノウハウはすぐには蓄積できないため、プライベートバンクは各方面の専門家にコンタクトしました。ピクテもそうしたプライベートバンクの一つでした。そんな動きのなかで、私は日本株のアドバイザーとして、ピクテをはじめ、いくつかのプライベートバンクの日本株担当者と知り合いになりました。ピクテは、プライベートバンクのビジネスを直接、日本で展開していなかったので、プライベートバンクの顧客への対応とは違う種類の役割をこなしていたのです。

結局、ピクテは自社でファンドを立ち上げるよりも、世界の優れたファンドで運用するほうが効率がよいと判断して、自社ファンドの展開には消極的になりました。

日本の規制が厳しいので、ピクテは日本ではプライベートバンク事業を展開しない、という方針で、マーケティングだけを行っていました。それでも日本人の資産家のなかには、「ピクテに資産を預けたい」という人がいたので、そのような人をシンガポールに案内する、という役割もこなしていました。シンガポールではプライベートバンク事業を展開していたからです。

日本国内では、ピクテは証券会社のような事業を行っているだけです。今は、ピクテ投信投資顧問株式会社として国内で展開していますが、プライベートバンク事業とはまったく別物です。

その後、私はエクスターナル・マネジャーとして、いくつかのスイスのプライベートバンクに日本の顧客を紹介するようになったのです。

口座開設後のエクスターナル・マネジャーの役割

エクスターナル・マネジャーは、顧客の資産運用に関して、アドバイスをすることもあります。以前は、私自身もアドバイスを行っていましたが、現在はプライベートバンクとの橋渡し役に徹しています。プライベートバンクの受け入れ体制が整備されたため、アドバイスの必要がなくなったのです。

以前は、プライベートバンク側で用意するポートフォリオの大半が5億〜10億円といった資産規模の人を想定したもので、5000万〜1億円といった資産に見合うポートフォリオがありませんでした。そのため、私が資産額に見合ったポートフォリオの作成のアドバイスをしていたこともあったのですが、現在はそんな心配もなくなりました。プライベートバンク側も、それぞれの資産額に合わせたポートフォリオの整備が進んでいるのです。

口座開設後は2〜4カ月ごとに、プライベートバンクから「**運用レポート**」が送られてきます。こういった書類は当然英語表記ですから、この内容を顧客に説明したりするのも、エクスターナル・マネジャーの仕事です。プライベートバンカーは定期的に来日して、顧客のもとを訪れます。そんなときに、プライベートバンカーをアテンドするのも、エクスターナル・マネジャーの仕事です。

もちろん、プライベートバンク側からの連絡を伝えるだけでなく、顧客の要望をプライベートバンクに伝えるのも、エクスターナル・マネジャーの重要な仕事です。たとえば、「現在、資産を運用しているファンドAをファンドBに変えてほしい」といったことも、すぐに要望として伝えます。

前述したように、私は現在、資産運用に関してのアドバイスは行っていませんが、納税面でのアドバイスを行うことはあります。日本の税制に関してはプライベートバンクよりも、エクスターナル・マネジャーのほうが精通している場合があるからです。なんといっても日本の金融制度の動向を把握しやすいので、この辺がアドバンテージになります。しかし、納税面に関しては、プライベートバンクの税務専門家の意見を聞きながら、顧客のフォローを行っています。

エクスターナル・マネジャーの役割を継承する

エクスターナル・マネジャーの仕事をするようになって、だいぶ年月が経過しました。長いつきあいのお客さんも多くいます。最近、彼らによく聞かれます。

「髙島さん、あなたが亡くなったら、プライベートバンクとのやり取りは、どうすればいいいの？」

確かに、私ももう若くはありませんから、将来のことを考えなくてはいけません。これは長年のお客さんに対する責任でもあります。顧客情報の守秘にもかかわるので、エクスターナル・マネジャーの継承も実は重要な問題です。バトンを託した人間が間違ったりすると、長年の顧客に多大な迷惑をかけてしまいかねません。

そこで、私は10年以上前から息子である髙島宏修にこの役割を継承しようと、準備を進めています。私と同様に、国内での資格としてはCFPを取得して、エクスターナル・マネジャーとして生きるための覚悟もできているようです。

クオリティを担保するパートナーシップ制

繰り返しますが、プライベートバンクの目的は「**顧客の資産を守り、増やすこと**」です。顧客の資産の増減とプライベートバンクの損益は、ダイレクトではありませんが、連動しています。

そのため、プライベートバンクは顧客の資産を減らさないように動きます。

顧客は資産保全や資産運用の失敗を簡単には受け入れてくれませんし、富裕層たちは、能力のないプライベートバンクにはすぐに見切りをつけ、資産を他に移してしまいます。そうすると、年間の資産管理費によって利益を得ているプライベートバンクにとって、大きな痛手です。さらには顧客が逃げ出したという評判は、プライベートバンクが最も恐れる信頼性の失墜にもつながってしまいます。

プライベートバンクは、顧客に損失を与える事態が生じた場合はしっかりと責任を取ります。この仕組みがプライベートバンク独自の「**パートナーシップ**」制度です。

伝統的なプライベートバンクは、顧客の帰属する国の法律変更などにより生じた運用以外の損失に対して、全額補填する制度を実施してきました。これを「**顧客に対する無限責任を果たすパートナーシップ制**」といいます。

このような仕組みが構築されたのは、プライベートバンクの歴史に由来します。

従来、プライベートバンクには株主は存在せず、プライベートバンカーと呼ばれるオーナーが「パートナー」として存在していました。プライベートバンカーは、プライベートバンクを経営しながら、顧客のために業務を行い、顧客の資産を安全に運用し顧客の信用を得てきたのです。

しかし、近年、プライベートバンクの伝統であった「パートナーシップ制」を見直す動きが出てきています。この経緯を説明しましょう。

変容していくプライベートバンクのあり方

２０１４年に、スイスのプライベートバンクの変革を促す出来事が起きました。大手プライベートバンクとして知られるピクテとロンバー・オディエの2行が、無限責任のパートナーシップ制から株式会社制へと移行したのです。この2行は、プライベートバンクの大きな特徴とも言える無限責任のパートナーシップ制をなぜ放棄したのでしょうか。

それは、あるプライベートバンクの破綻がきっかけでした。

２０１３年、スイス最古のプライベートバンクとされるヴェゲリンが、アメリカ当局に請求された莫大な罰金の負担に耐えきれず、業務を売却、閉鎖しました。罰金の理由は、アメリカ人の顧客の脱税を幇助《ほうじょ》したというものでした。

このような訴訟リスクに対応するため、ピクテとロンバー・オディエはパートナーシップ制を放棄して、株式会社化することで組織を防衛しようとしているのです（ただし、公的には2行とも、こういった見方を否定しています）。

となると、パートナーシップ制を手放したプライベートバンクでは、今後、顧客の資産は守られなくなるのでしょうか。そうではありません。「**顧客の資産に対して責任を持つ**」という考え方、対応姿勢は今後も変わることはないでしょう。

プライベートバンクが堅持してきた顧客への対応はそのままに、海外からの訴訟などによるリスクに対抗するための防衛策の一つが、株式会社化なのでしょう。

こうしたリスク管理こそが、プライベートバンクがこれまで生き残ってきた理由でもあります。

プライベートバンクは顧客を選ぶ

プライベートバンクは、誰でも利用できるというものではありません。

いくら資産運用にプライベートバンクを活用したくとも口座を開設できないこともあるのです。たとえば、犯罪に絡む恐れのあるような場合や、預け入れ可能な資産が少額といったケースが該当します。

私たちエクスターナル・マネジャーのほうから、明確にお断りをした人もいます。サービス業を営んでいるという若者だったのですが、資産状況を尋ねたところ、「毎月1億円入ってくる」とのことでした。エクスターナル・マネジャーとして、本人の信用調査の意味でさらに質問したところ、答えがなんだかチグハグです。どうも怪しいと思い、質問を重ねると、「実は振り込み詐欺の……」と話し出しました。

こうした人は、もちろんお断りします。万が一私たちが巧みにだまされて、プライベートバンクにつないだとしても、プライベートバンク側の審査で落とされてしまうでしょう。

プライベートバンクの担当者や、エクスターナル・マネジャーは、顧客となった方とは長いおつきあいになります。したがって、何よりも大切なのは信頼関係です。信頼できない人や資産運用に対する考え方や性格、または生き方など、相性の合わない人は、お断りすることが互いのためだと考えています。

プライベートバンクに向く人と向かない人

また、プライベートバンクの口座開設条件を満たしたとしても、その機能を十分に活用できない場合もあります。つまり、そもそもプライベートバンクのスタイルに向かない人もいるのです。

プライベートバンクの顧客は、「**投資家ではなく、富裕層**」とイメージすると、わかりやすいかもしれません。

投資家を「これからお金（資産）を増やそうとする人」と定義すると、富裕層は「**すでに相当のお金（資産）を持っている人**」と定義することができます。富裕層は、「お金を増やす」よりも「**お金を減らさない**」ことに重きを置きます。そして、しっかりと子孫に継承することが最終目標になります。

プライベートバンクの顧客には、新興国の富裕層も多く、彼らはまさに財産を守る必要にかられてプライベートバンクを利用しています。２０１９年3月、トルコの通貨トルコ・リラが40％値下がりしたことがありましたが、ああいった事態に備えてプライベートバンクを利用し、ドルで運用しているのです。

日本に限らず、世界中の富裕層は、過酷な税制や戦争などによって、資産が損なわれたり、奪われたりしてきました。だから、彼らにとって資産の保全と継承は非常に重要な問題で、その役割を担ってくれるプライベートバンクは大切なパートナーなのです。

日本も、このままでは経済危機により資産が目減りすることも考えられます。したがって、そうしたリスクを抑えるためにプライベートバンクを活用するというのが、望ましいと言えるでしょう。

一方、「お金を積極的に増やしたい」と望む投資家にとって、プライベートバンクは向かないかもしれません。代表例に挙げられるのは、IPO（株式公開）を果たしたり、M&Aで会社を売却したりして、短期間で資産を増やした、いわゆる〝IT長者〟です。

彼らは、いかにもセレブな生活をしていて、お金の使い方も派手ですが、こうしたタイプの人々は、プライベートバンクのパフォーマンスに物足りなさを感じる可能性が高いと考えられます。実際、IT長者の多くはパフォーマンスを重視したアグレッシブな運用が得意なプライベートバンキング・サービスを使って運用していることが多いようです。

インテリジェンスは最新、ポリシーは不変

本章でお伝えしたとおり、歴史あるプライベートバンクは、資産保全・運用、さらには継承するまでのノウハウを今日まで脈々と培ってきました。

近年は、前述したように大手プライベートバンクが、パートナーシップ制から株式会社にシフトするなどの変化も見られますが、顧客との信頼関係の源になるポリシー（方針）が変わることはありません。富裕層の資産を長年継承してきたプライベートバンクは、欧米のメガバンクのように目先の利益に踊らされることなく、地に足の着いたビジネスを展開します。

同時に、プライベートバンクは日々変動する金融界、マーケットの動向に取り残されないために、インテリジェンス（情報）を最新のものにアップデートしています。

時代の変化を見ながら、進化させる部分は進化させ、変えるべきではない部分は変えずに守る。激動のヨーロッパ大陸で数百年間にわたって生き残ってきたプライベートバンクならではの、したたかさなのです。

税金などの問題を踏まえると、次世代に資産を継承するためには、着実に運用して増やしていくことも求められます。ただ預け入れ資産を減らさないだけでなく、将来に備えて着実にパフォーマンスを積み重ねることも、プライベートバンクの特徴なのです。

次章では、プライベートバンクのサービスについて、「**資産運用**」の観点から掘り下げます。

第4章　スイス・プライベートバンクの資産運用スタイル

フィデューシャリー・デポジットとは

本章では、プライベートバンクが実際に行っている資産運用の中身について説明していきましょう。日本の金融機関とは異なる仕組みも多いため、耳慣れない言葉も出てくると思いますが、一つひとつ理解していただければと思います。

まず、プライベートバンクの特徴的な点に、顧客から預かった資産を「**プライベートバンク名義の口座**」で運用するというものがあります。この業務を「**カストディ業務**」と言います。「**カストディ**（custody）」とは、顧客の有価証券を管理することを意味し、管理する金融機関は「**カストディアン**（custodian）」と呼ばれます。

プライベートバンクが顧客から預かった預金が、その後どのように運用されるのかを説明します。日本の銀行では、預金の多くが日本国債の購入に使われ、却ってリスクにつながっていることはすでに指摘しましたが、プライベートバンクにはそういった心配はありません。

なぜなら、金融機関同士が資金を調達し合う「インターバンク市場」で、他の銀行に貸し付けるという仕組みが構築されているからです。これを、「**フィデューシャリー・デポジット**（フィデューシャリー預金）」と言います。

インターバンク市場とは、金融機関がそれぞれの信用に基づいて資金を融通し合う「**金融機関だけが参加できる市場**」です。通常であれば、一般の投資家がインターバンク市場に参加することはできないのですが、カストディ業務によって口座が個人ではなくプライベートバンク名義になっているため、間接的に参加することができます。

このようにインターバンク市場を通じて預金を運用すると、一般の銀行預金よりも高い利息が支払われます。これが可能となるのは、インターバンク市場では、一般の金利よりも高い金利で信用力のある金融機関に貸し付けを行っているからです。

また、日本の定期預金のように、預金額の範囲内で借り入れをすることもでき、この場合はインターバンク市場の貸し出しレートが適用されます。そのため、一般の銀行預金よりも低い金利で借り入れをすることもできます。

プライベートバンクに預けられた資金のほとんどは、ファンドなどで運用されるため、預金のまま残る金額は少ないのですが、少ない預金も運用パフォーマンスに貢献しているのです。

オーダーメイドの資産保全・運用

日本人がプライベートバンクで資産を保全・運用するメリットは、「**顧客側が具体的なリクエストを出せる**」という点にあります。

一般的な金融機関では、よくても選択肢が豊富になる程度で、独自のリクエストを出すことはできません。口座を開設した後に、それぞれの金融機関で取り扱っている金融商品のなかから、資産の運用先を決めるというのが大半です。

たとえば、国内銀行であればそこで扱っている預金のラインナップのなかから、証券会社であれば取り扱っている株や投資信託のラインナップのなかから、預け入れ先や投資先を選択します。特に国内銀行を利用して海外の資産で運用する場合には、さまざまな制約があります。

しかし、プライベートバンクでは、そのような決め方をしませんし、制約もありません。

「このくらいのパフォーマンスで運用してほしい」

「それほど増やさなくていいので、リスクを取らずに運用してほしい」

「多少のリスクは覚悟するので、5～6年後には2倍にしてほしい」

このような要望を出せば、顧客の要望に合った金融商品を世界中の市場から選んでくれます。もちろん、プライベートバンクごとに性格は異なりますから、保全に非常に強みを発揮するところもあれば、アグレッシブな運用に定評のあるところ、といった違いはあります。しかし、基本的には顧客のオーダーを実現するために、プライベートバンクは手を尽くします。

こうした自由な運用が可能なのは、**プライベートバンクには、そもそも自社の「取扱商品」という考え方がない**からです。一般的な金融機関は、数ある取扱商品のなかでも、特に自分たちが扱う金融商品へ投資させようとします。そうやって、「各種手数料」をすべて彼らの利益にしようと考えるので、顧客本位とは言えません。

プライベートバンクは、あくまで顧客の利益を優先するため、基本的に自社で金融商品をつくることがありません。「**資産の運用に関しては外部の優秀なプロフェッショナルに任せよう**」というのがプライベートバンクのスタンスなのです。

世界中に優れた金融商品がすでにあるわけですから、コストをかけて金融商品をつくるよりも、顧客の要望にマッチした金融商品を探すほうが合理的です。実際、ピクテなどの大手のごく一部を例外として、独自で金融商品を開発しているプライベートバンクはありません。

なお、プライベートバンクを利用する場合のコストについては後ほど詳しく説明しますが、彼らが受け取るのは、顧客の運用資産の数％（一般的には1・0％〜1・5％）に当たる「**年間管理費**」がメインです。

顧客の求める「結果」を得られる金融商品を探し、適切な割合とタイミングで売買するのが、プライベートバンクのやり方であり、これが顧客のメリットに直結しています。

「ファンド・オブ・ファンズ」づくりが基本

すでに説明したとおり、プライベートバンクには世界中の金融商品を分析している優秀なアナリストが在籍しています。彼らが顧客の資産を運用するファンドを見つけてくるわけです。

たとえば、顧客が「資産の一部を経済成長の著しい新興国で運用しよう」と考えたとします。すると、アナリストは世界中のエマージング・マーケット・ファンドのトップ10を探してきます。そこから運用地域や運用スタイルなど、リスクが上手に分散できるファンドを３つか４つをピックアップして、「ファンド・オブ・ファンズ」をつくるのです。

ファンド・オブ・ファンズとは、「**複数のファンドを組み合わせて一つのファンドにしたもの**」で、アナリストがプロの目でリスクヘッジと分散投資を考えながら組み合わせます。

プライベートバンクの大半が自社の金融商品をつくらず、ファンド・オブ・ファンズに特化しているのは、それが良好な運用成績を安定的に残す上で有効だからです。

ファンド・オブ・ファンズであれば、運用成果が思惑から外れた場合にはすぐにカット（損切り）することができます。そしてより見込みのある投資先に切り替えます。素早い損切りは、ポートフォリオ運用のみならず、投資全般に当てはまる「鉄則」です。

しかし、自社の金融商品で運用する場合、この「損切り」が遅れてしまうことがあります。少し運用成績が振るわなかったといって、せっかく始めたことを終了させるわけにはいかないからです。

プライベートバンク以外の金融機関は、自社の金融商品を運用するスタイルが主流ですが、彼らが運用成績でプライベートバンクに敵わないのは、この点にあると言えます。

優れたものを使って運用し、よくなければすぐに修正する。こういった「**まっとうな資産運用を、スムーズにできる**」という点こそが、プライベートバンクの強みなのです。

「プリミティブ」からの脱却に成功

プライベートバンクによる資産運用について、さらに説明します。

現在は資産運用のスタイルに変化が見られますが、もともとプライベートバンクがどういった資産運用を得意としていたのかを最初にお伝えしたいと思います。

かつて、プライベートバンクは、預かった資産を絵画や金（ゴールド）などで運用していました。真偽のほどはわかりませんが、ゴッホの真作がプライベートバンクの倉庫に預けられているといった話を耳にすることもありました。非常にプリミティブ（原始的）な運用であり、よく言えば伝統的な手法に則った由緒正しいスタイル、悪く言えば古くさいスタイルだったのです。

すでに説明したとおり、プライベートバンクは傭兵などの財産を守る機能をルーツとしています。そのため、資産を運用して育てるというよりは、保全・継承に重きを置いていたと言えるでしょう。ヨーロッパの歴史は戦争の歴史でもあり、争いの続く環境下で、プライベートバンクはしっかりと顧客の資産を守り続けてきたのです。

しかし、このようなプリミティブな運用スタイルも、21世紀に入り見直しを迫られることとなりました。その理由は、ユニバーサルバンクによる「プライベートバンキング・サービス」の隆盛にあったのです。

ユニバーサルバンク、特にアメリカの金融機関に顕著なのが、目先のパフォーマンスを求めて、リスクを積極的にとる運用スタイルです。このスタイルは、トレンドの読みが当たれば、素晴らしいパフォーマンスを発揮します。

プライベートバンキング・サービスに乗り出したころのアメリカの金融機関は、複数のファンドで派手なパフォーマンスを連発していました。金融機関自身の資産もファンドで積極的に運用していたため、パフォーマンスが好調な間は、金融機関の資産規模もどんどん膨れ上がりました。

こうしたファンドを運用するファンドマネジャーも、パフォーマンス次第で莫大な成功報酬を受け取りますから、とにかく短期間で結果を出そうとします。「ひと山当てて、あとはリタイアして悠々自適な生活を」というわけです。長期的に安定したパフォーマンスや、子孫への継承などは端《はな》から考える必要がなかったのです。

とはいえ、顧客の目から見れば、当時はアメリカのプライベートバンキング・サービスに比べ、スイスのプライベートバンクのパフォーマンスは物足りなく感じられたのでしょう。実際、「こんなパフォーマンスで運用してくれるなら」と、プライベートバンクからアメリカの金融機関に資産を移動させるという動きが増えてきました。

こうしてプライベートバンクは顧客を奪われ、「スイスの運用は古くさい」「スイスは運用が下手」という評判も立ち始めました。現在では信じられないことですが、そのような時代があったのです。

アメリカ資本のシティバンク（現シティ）が積極的なスタンスで運用利回りを20％もあげていた時代に、スイスでは利回りが4～5％でしたから、そう言われるのも無理はありません。

しかし、こうした一連の経緯は、プライベートバンクに変革を促すこととなりました。

積極的にパフォーマンスを狙う運用

ユニバーサルバンクによるプライベートバンキング・サービスに顧客を奪われたプライベートバンクは、それまでの保守的な運用スタイルを変更します。具体的には、**ポートフォリオの見直し**です。

ここでいう「ポートフォリオ」とは、「**運用先の組み合わせとその比率**」を意味します。資産を複数の投資先に分散して運用する場合、どのようなポートフォリオを組むかによって、期待できるリターンやリスクが変わります。

プライベートバンクは、金や絵画など、それほど価値が変動しない資産を中心とするポートフォリオから、価値がある程度変動する資産へとシフトさせていきました。そして現在は、保守的な運用に加えて、積極的にリスクをとりながら、高いパフォーマンスを狙うファンドなどを組み入れるようになっています。

こうしたスイス・プライベートバンクの方針転換に目をつけたのが、世界中の優良なファンド運用・販売会社です。プライベートバンクでは膨大な資金を運用しているため、この資金を求めてセールスにやってきます。ここから選びぬかれたファンドがプライベートバンクに組み入れられたことによって、プライベートバンクは運用面でのパフォーマンスを改善することができ、再び世界中から資金が集まってくるようになったのです。

こうして、資産保全と運用のバランスのとれた、現在のプライベートバンクのスタイルが確立しました。

近年の運用スタイルの見直しによって、以前のプライベートバンクが苦手にしていたアグレッシブな運用でも、プライベートバンクは素晴らしいパフォーマンスを残すようになっています。

ヘッジファンドで柔軟な運用

プライベートバンクが高利回りを追求するときに選択される運用先が、ヘッジファンドをはじめとする**オルタナティブ金融商品**です。

オルタナティブ金融商品とは、株式や債券、投資信託などの「伝統的な金融商品」とは異なる性質のもので、**より高いリスクを負うことで高いパフォーマンスを得ようとする金**

融商品です。

オルタナティブ金融商品の具体例としては、ヘッジファンドの他に、未公開株やベンチャー企業に投資する「**プライベート・エクイティファンド**」、穀物や原油などの先物取引に投資する「**コモディティ**」、金融派生商品などの「**デリバティブ**」といったものがあります。これらのうち、代表的なものとしてヘッジファンドについて説明します。

その前に、伝統的な金融商品に分類される「ファンド」について説明しておきましょう。ファンドとは、投資のために集めた資金を意味します。この資金が運用され、出資者に分配されるという仕組みです。

一般的に、ファンドには投資方針や運用方法に厳しい制限があります。たとえば、日本国内で設定・運用されているファンドは「カラ売り」ができず、許可されているのは「買い」だけです。これでは、投資対象が下落しているときは損が膨らむばかりです。バブル崩壊以降、株価が下がり続けている環境下において、「買い」しかできないわけですから、悲惨な結果になるのは目に見えています。

また、運用方針や売買の判断は、複数の人間の総意によってなされることが多く、機動的な売買ができない傾向があります。日本のファンドマネジャーがもたもたしている間に世界のファンドマネジャーはとっくに売買に動いていますから、日本のファンドは「高値で買ってしまい、下がった後で売る」といったことになりがちなのです。

さらに、手数料の問題もあります。ファンドは公募方式で広く集められることが多いため、「少額からの投資が可能」という点はメリットです。しかし、運用成績にかかわらず、販売手数料や管理手数料がファンドの販売・運用会社の収益源になる構造ですから、運用成績よりも、「いかに数多く販売するか」が優先されがちです。

一方、ヘッジファンドは、運用方針や運用方法に厳しい規制がありません。これは、ヘッジファンドの大半が金融取引について規制の少ないタックス・ヘイヴンなどのオフショアで設定（登記）されているからです。

したがって、日本のファンドのように「買いしかできない」ということはなく、「カラ売り」もできます。ファンドマネジャー個人や少人数のチームによる機動的な売買が行われ、運用成績についても絶対的なパフォーマンスで評価される点もメリットとして挙げられます。

ただし、ヘッジファンドは私募方式で集められることが多く、売買はごく少数の富裕層で占められています。ヘッジファンドへの投資額は最低でも「1口1億円」というのが相場です。しかし、プライベートバンクの顧客であれば、1億円未満の単位であっても、ヘッジファンドをポートフォリオに組み入れることが可能になります。

ヘッジファンドは販売手数料が低く、運用成績に応じた成功報酬の割合が高いのも特徴です。投資家からの要望はもちろん、成功報酬を得るためにも、運用成績が何よりも重視されます。

このようなヘッジファンドについても、プライベートバンクはリスクを考慮しながら活用し、着実に5～7％の運用パフォーマンスを積み上げてくれます。

10年足らずで2倍にできるのか

ヘッジファンドのほかにも、プライベートバンクではさまざまな手法を用いて顧客の資産を保全・運用します。ここで気になるのがそのパフォーマンスです。

ここまで説明したように、プライベートバンクは顧客の要望に沿って金融商品を選択し、戦略を描きます。そのため、ハイリターンを狙うこともあれば、ローリスクで着実にリターンを積み重ねることもあります。

それでもパフォーマンスの目安として言えるのは、「**年間で10％前後の運用成績をあげているものが少なくない**」ということです。もちろん、ファンドによってはその数倍以上のパフォーマンスをあげているものもあれば、少数ではありますがマイナスになっているものもあるかもしれません。

ただし、こうしたファンドのパフォーマンスは「過去の実績」であっても「将来の約束」ではありません。あらゆる投資について言える話ですが、これまで年間で10％のパフォーマンスが実現していたからといって、今後も10％のパフォーマンスが実現するとは限りません。

そこで、仮に年間のパフォーマンスを、実際より低めの8％として考えてみましょう。それでも、複利で運用すれば9年で資産は2倍になります。プライベートバンクに口座を開設し、ヘッジファンドで手堅く運用すれば、あなたの資産は10年を待たずに2倍になる可能性があるのです。

したがって、今1億円を持っている人であれば、プライベートバンクに口座を開設して、9年待てば資産は2億円になります。子どもの将来のために数十年運用するとしたら、どれだけの金額になっていることでしょうか。

バイアスのかからない意思決定ができる

「バイアスのかからない視点で世界中の金融商品を分析できる」ことも、プライベートバンクの強みです。

プライベートバンクは、各国のマーケットを中立に評価します。そもそもスイス国内の金融マーケットは規模が非常に小さいので、国内で運用するという考えがありません。ここがアメリカや日本の金融機関との大きな違いです。

たとえば、日本では当然のように日経平均株価の動きがニュースで流れるように、国内のマーケット情報のほうが自然と多く得られます。そのため、知らず知らずにバイアスがかかってしまう恐れがあります。

日本の金融機関がファンドをつくると、少なくとも30～40％は日本国内マーケットでの運用に設定しますが、スイスではそのようなことはありません。それに、仮に自国マーケットで運用したいと思っても、マーケットが小さすぎてそんな資金量を受け入れられないのです。

プライベートバンクの判断は中立的で、アメリカのマーケットがよいと思えばそこで運用し、日本がいいと思えば資金をそこに移します。その判断は迅速なので迷っているうちに損失が膨らんでしまうようなことはありません。

常にまっとうな判断ができ、行動に反映させられるのはプライベートバンクの強みです。彼らの目的は顧客の資産を安全に運用すること、ただそれだけなのです。

2020年以降のコロナ禍でも、プライベートバンクは、まずSARS（重症急性呼吸器症候群）やMERS（中東呼吸器症候群）などの過去の感染症が金融市場にどのような影響を及ぼしたかを分析し、その中で「感染症の拡大が収束に向かっていくと、市場がリバウンドするのは歴史が証明している」と判断しました。長い目で見て「パニック売りは避けるべきだ」とし、同時にどうしてもコロナショックによって運用に影響が出そうな部分は即座に入れ替えを提案してきました。バイアスがないからこそ、合理的にマクロとミクロの視点から物事を判断できるということは、このような非常時では最大の強みになります。

プライベートバンクでかかるコストは

プライベートバンクを利用したことのない方は、そのコストが気になるのではないでしょうか。ここまでも何度か触れてきましたが、改めて全体を説明しましょう。

プライベートバンクで発生するコストは、次の３つです。

❶口座維持手数料
❷運用手数料
❸売買手数料

では、３つの手数料のそれぞれの意味を簡単に説明しましょう。

①口座維持手数料

プライベートバンク口座を維持・管理するための手数料です。プライベートバンク口座を持てば、世界中の金融商品にアクセスすることができ、売買することができます。こうした取引は、法律の制限や許認可など、さまざまなハードルがあるものですが、「プライベートバンク口座」がある種の〝パス〟となって、自由な資産保全・運用が可能となります。

②運用手数料

プライベートバンクが持つ運用ノウハウを提供してもらうためのコストです。顧客のリクエストに応じた運用成績を実現するため、プライベートバンクのアナリストやポートフォリオ・マネジャーが連携してオーダーメイドのポートフォリオを作成してくれます。運用中も運用先のパフォーマンスを常にチェックし、ポートフォリオは随時見直されます。資産運用に関するプロが顧客一人ひとりのニーズに応えて細かく動いてくれる。そのコストが運用手数料です。

③売買手数料

「執行口座」（第6章で説明します）を保有する顧客に対して発生するコストで、金融商品などを売買する際の手数料です。顧客が個別に希望する金融商品を売買するときにのみ売買金額に応じた売買手数料が発生します。

日本で投資信託を運用している方は、プライベートバンクの売買手数料の低さに驚かれるかもしれません。日本で投資信託を購入する場合、販売手数料および信託報酬として、平均すると売買金額の５～６％かかります。私たちがつきあっているプライベートバンクでは１取引ごとに１００スイスフラン（約１万７０００円）なので、この売買手数料の差だけでも、プライベートバンクを利用するメリットがあると言えます。

たとえば、１億円の資産を預けて年利７％のパフォーマンスが実現したとしましょう。運用によって得られる利益は７００万円です。ここから手数料を引いても５００万～６００万円の利益が残ります。これは日本の金融機関では考えられない数字です。

日本の金融機関はなぜ手数料が高いのか

リーマン・ショックのようなことが起こると、「海外は怖い、海外ではだまされる」と感じる日本人がいてもおかしくはありません。

しかし、こうした感覚は、本当に正しいのでしょうか。

「資産を保全・運用する」「次世代に継承したい」といった目的に照らすと、決してそんなことはありません。

それは「手数料の高さ」を見ても明らかです。資産を運用する場合、手数料は非常に重要な要素となります。数十年、時には世代を超えて数百年の長期にわたり資産を預けるのであれば、手数料が高ければ、リターンを得られず、最悪のケース、リターンが手数料を下回る「手数料負け」となってしまいます。

それにしても、同じ金融機関であるにもかかわらず、スイスのプライベートバンクと比べ、日本の金融機関はなぜ手数料が高いのでしょうか。

その理由を一言で言えば、「最優先事項」が違うからです。

プライベートバンクの最優先事項は、**「顧客に損をさせてはいけない」**ということです。当たり前のように聞こえますが、これを最優先事項にしている金融機関がどれだけあるでしょうか。

他の金融機関の場合、全国や各地域に細かく拠点を構築して社会インフラであったというビジネスモデルの違いがあります。

一方、プライベートバンクは本国スイスのオフィスも至って簡素なものです。世界に拠点を置いているプライベートバンクであっても、スタッフの数は数百人程度です。これらの経費は、顧客の資産の管理費と、運用成績に応じた成功報酬で十分に賄えます。したがって、管理費以外に各種の手数料などを設定して、顧客から徴収する必要はないのです。

一時期、日本の大手の証券会社が投資額1000万円以下の投資家を「ゴミ投資家」と呼んでいると話題になったことがありました。これは「そんな少額では何回も売買をさせられず、手数料を取れない」という意味なのです。自分たちに寄せた尺度で顧客を見ているのですから、顧客の資産が増えるはずがないでしょう。

コスト面からプライベートバンクと日本の金融機関を比較しましたが、ここに表れているものは、単に金額の違いだけではありません。プライベートバンクを利用するのは、彼らが顧客のことを最優先に考えてくれるからなのです。

日本のプライベートバンキング・サービス

日本の金融機関の話題と関連して、「プライベートバンク」と「プライベートバンキング・サービス」の違いについても説明したいと思います。

非常に似た言葉ですが、その中身は大きく違います。「プライベートバンクを利用するつもりが、プライベートバンキング・サービスだった」ということにならないためにも、その違いをはっきりと認識しておきましょう。

日本で「プライベートバンキング」という言葉が取り上げられるようになったのは、2000年代の初頭です。その背景には1998年に起きた、いわゆる金融ビッグバンがありました。個人の資産を海外に持ち出せるようになり、「海外の銀行口座に預金する」「海外のファンドに投資する」といった運用方法が人気を集めたことにより、国内の金融機関は富裕層向けのサービスに力を入れ始めました。こうして、プレミアムな金融サービス、という触れ込みで拡大したのが「プライベートバンキング・サービス」でした。

「**富裕層向けのサービスを謳《うた》う**」という点では、プライベートバンクもプライベートバンキング・サービスも変わりません、ただ、問題は「**サービスの中身が別物**」ということです。

プライベートバンキング・サービスは、ユニバーサルバンクが行う数々の金融サービスのひとつにすぎません。いわゆる「オールインワン口座」や「ラップ口座」と呼ばれるサービスに毛が生えたようなものと言っていいでしょう。いわば、「お任せサービス」です。

ラップ口座の場合、悪名高い「販売手数料」はかからず、年間管理費＋成功報酬のところが多いようですから、この部分はプライベートバンクに通じるものがあります。

しかし、ラップ口座は売買手数料がかからないのは事実ですが、無料で何度も売買をしてくれるわけではありません。ポートフォリオの見直しは、大半が「年に４回」というように回数が決められており、売買ができるのはこのときだけです。しかも、ラップ口座で選択できる金融商品は、ほとんどがその証券会社で取り扱っているものに限定されます。つまり、ラップ口座は資産運用に利用するには、あまりに不自由な側面があるのです。

一方、**本家のプライベートバンクでは、ポートフォリオの見直しは随時可能で、年間を通じて膨大な回数の売買が行われることもあります。金融商品は世界中の無数の選択肢が用意されている**という点も大きなメリットです。

こんなエピソードがあります。プライベートバンクに口座を開設してしばらくたった人が、「どんな運用をしているのか知りたい」ということで、ポートフォリオの売買記録を取り寄せたことがあります。その書類は膨大な量で、非常に細かく売買している様子が報告されていました。

これを見た当人は、「売買手数料目的でひたすら売買を繰り返しているのではないか」と不審に思ったようでした。そこで、私たちは「よく考えてみてください。プライベートバンクが受け取っているのは年間の管理料だけです。何度売買しても手数料を取られることはありませんよ」と説明しました。その人は「こんなに細かく売買しながら運用してくれているのか」と驚き、最終的にその対応に感謝していました。

リーマン・ショックでの失速

2000年代にユニバーサルバンクが一斉に打ち出し、一時期は隆盛を誇ったプライベートバンキング・サービスですが、現在はそのほとんどが日本でサービスを提供していません。金融機関ごと窓口を日本からシンガポールなどに移したところも多いようです。

これらの金融機関の口座を持つ顧客はまだ日本にいるはずですが、お構いなしです。このような顧客をないがしろにした対応は、本来のプライベートバンクとは、まったく似ても似つかないものです。

プライベートバンキング・サービスを先導していたのは、シティバンクやＨＳＢＣグループなどの欧米のメガバンクです。これを追う形で、クレディ・スイスやＵＢＳ銀行も同様のサービスを始めました。このとき、「本場スイスの大手銀行によるものだから、間違いないだろう」などと誤解して口座を開いた人もいたと思われます。

しかし、ユニバーサルバンクによるプライベートバンキング・サービスは、サブプライム・ローン問題に端を発するリーマン・ブラザーズの破綻、つまり「リーマン・ショック」で大きなダメージを負いました。

打って出るのも迅速なら、撤退するのも素早いユニバーサルバンクは、派手なパフォーマンスのもとになっていたハイリスクなファンドを解散させたり、マイナス運用を続けたりといった状態で、顧客の資産も大きく傷つきました。

派手なパフォーマンスを売りにして台頭したアメリカの金融機関は、そのハイリスクな運用があだになって、一転して大きな損失を計上してプライベートバンクのライバルの座から滑り落ちていったのです。

イケイケドンドンではない堅実な運用

プライベートバンキング・サービスを手がけていたユニバーサルバンクが日本を去ったにもかかわらず、日本ではいまだにプライベートバンクとユニバーサルバンクが混同されている現状は嘆かわしいことです。

プライベートバンキング・サービスを利用した顧客がリーマン・ショックにより損失を抱えてしまったのは事実ですが、まったく関係のない本家プライベートバンクに対するイメージまで傷がついてしまった部分もあり、これは非常に残念なことだと思っています。

ユニバーサルバンクが顧客に大きな損失をおよぼし、自らも大きなダメージを受ける一方で、プライベートバンクはしっかり顧客の資産を守っていました。リーマン・ショックの最中も軽傷で済みました。

これが事実であり、世界の多くの富裕層が認識しています。

近年、プライベートバンクがプリミティブな運用から、アグレッシブな運用にシフトしていると説明しましたが、彼らは決して無茶な運用をすすめることはありません。

たとえば、このようなことがありました。

2018年6月にアメリカの株価指数として知られるS&P500が最高値を更新した頃、プライベートバンクのアナリストから「S&P500が今後18カ月以内に30%下落したら、その分だけ儲かる仕組債をつくったので、これを入れましょう」という提案を持ちかけられたのです。当時は、アメリカの株式市場は好調で、S&P500もさらに成長するというのが世間的な見方でしたから、驚きました。

そこで、アナリストの言うとおりに9月ごろからポートフォリオを組んだところ、翌月くらいからS&P500が下落を始めたのです。結果として損失を回避し、むしろ3%程度のリターンを得ることができました。

日本の金融機関での運用は「効果が薄い」

日本の金融機関のデメリットは手数料だけではありません。資産の運用利回りも、日本の金融機関と海外の金融機関では大きく異なります。

これは、資金の運用成績自体に差があることに加え、その前提となる「利回りの計算方法」が異なるからです。日本の銀行は、普通預金こそ複利ですが、定期預金など多くが単利計算となっています。

海外で運用した場合、当然のように複利計算です。海外では「単利計算」という考え方自体が、金融商品の仕組みとしては「効果が薄い」と言え、日本の金融機関を利用する人は、知らずに大きな損をしている可能性があります。

単利計算と複利計算の違いが、どのような結果を生むのでしょうか。

たとえば、1000万円を年利5％で運用したとしましょう。現実にこれだけの運用成績を残している金融商品は国内にほとんどありませんが、そこは目をつぶってください。

年利5％という高いリターンで運用できても、日本国内では単利計算になりますから、10年たってようやく1500万円です。

しかし、海外では複利計算が基本ですから、10年後には1628万円になります。

単利と複利による差は運用期間が伸びるほど顕著です。年利5％の単利計算で運用すると、2倍になるまで20年かかりますが、複利計算なら、20年後には2653万円になっている計算です。

日本の金融機関のデメリットは、預金者から預かった資金の運用法にも見られます。

第1章で説明したように、日本の金融機関では、預かった資金の大半を日本の国債で運用しています。世界でもトップの資金額を誇るゆうちょ銀行に至っては、7～8割の資金を国債で運用しているほどです。これはつまり、日本政府が日本人の金融資産を担保に国債という「借金」を積み重ねていることに他なりません。

このような状況のなかで、日本国債の金利が上昇したらどうなるでしょうか。

日本の国債がいかに危うい状態にあるかということは、すでに説明しました。財政赤字が続き、国内外からの信用性が揺らぐなか、国債金利の上昇は極めて現実的になっています。国債金利が上がれば、日本の金融機関が抱える膨大な国債の価格が暴落して、金融機関の経営が一気に危うくなります。

万が一、金融機関が破綻してしまうと、破綻時の財政状況によってはペイオフが発動し、預け入れている資産は1000万円までしか保護されません。

このような最悪なシナリオが起きる可能性がゼロではないことを考えると、日本の金融機関だけに頼った運用は非常にリスキーと言えます。むしろ海外の金融機関のほうが安全性は高いと考えられます。

1億円未満でもプライベートバンクは有効か

それでは、実際にプライベートバンクに資産を預けた場合のパフォーマンスについて紹介しましょう。

プライベートバンクでの口座開設の手順については、第6章で説明しますが、基本的に1億円が最低の預け入れ金額となっています。これは、運用資金が少なくなると、アプローチできる商品が限られ、バランスの取れた分散投資を実現しづらくなるので、結果的にパフォーマンス面で厳しい結果になりがちといった理由によるものです。

ただし、本人が若い場合や、資産保全・運用に関する考え方、その後の資産増額の見込みによっては、1億円に満たない場合でも道が拓かれる場合があります。たとえば、医師やビジネスオーナーなど、今後のフロー（収入）が期待できる場合は、少ない資金から口座開設をすることは不可能ではありません。

では、もし運用資金が3000万円で、プライベートバンクでの運用を希望する場合、どのような選択肢があるのでしょうか。正直に言えば、この金額では選択肢はほとんどありません。この場合、比較的少額の富裕層にもサービスを提供している数少ないプライベートバンクに口座を開設します。

私たちがおつきあいしているプライベートバンクのなかにも、少額から利用できるところがあります。ただし、1億円以上の資産規模であれば、希望のパフォーマンスをプライベートバンクに伝え、その方針に沿った運用をしてもらえるのですが、1億円に満たない資産規模の場合は、希望するパフォーマンスを設定することはできません。

だからといって、パフォーマンスが振るわないわけではなく、世界中の優良ファンドを組み合わせたファンド・オブ・ファンズで、平均すると年間4％程度のパフォーマンスを実現しています。近年のマーケット環境から考えると、平均的に5％以上のパフォーマンスを継続していけるでしょう。

こうして少額でスタートした資金が5000万円に達するようになると、運用の選択肢は若干広がります。運用してきたファンド・オブ・ファンズにプラス・アルファの金融商品を組み込むことが可能になるのです。

こうしたプラス・アルファについては、投資家自らがリクエストしてもよいですし、エクスターナル・マネジャーがプライベートバンクとの間に入って一緒に検討することもあります。

3000万円で運用可能なファンド・オブ・ファンズは、リスクを負った運用を避け、だいぶ保守的な運用スタイルですが、プラス・アルファに関しては、「多少のリスクを負ってもよいので、年9%のパフォーマンスを実現したい」というリクエストを出すこともできます。すると、プライベートバンクの側から、該当するファンドのリストが送られます。

資産をこのような形で複利運用していけば、マーケットの状況にもよりますが、7～10年後には1億円に達します。ここに本人が本業で得た資金を上乗せしていけば、その期間がさらに短くなるでしょう。

こうして資金が1億円を超えれば、より選択肢が豊富なプライベートバンクのサービスを活用できるようになります。

1億円以上で10%以上のパフォーマンスも狙える

預け入れ資産が1億円を超えるようになると、プライベートバンクの本来のサービスを受けられるようになります。運用に関する具体的なオーダーが可能になり、プライベートバンクは顧客の要望に沿った運用スタイルやパフォーマンスを実現するために、オーダーメイドのポートフォリオを構築し、運用が可能になります。

資金額が大きくなるということは、それだけリスクを取った運用も可能になるということを意味します。１億円というある程度まとまった金額で、リスクを分散したポートフォリオを作成することで、より高いリスクの商品を組み込めるというわけです。

資金５０００万円程度では、リスクをとった運用であっても、狙えるパフォーマンスは年間で５～７％ですが、１億円を超えると年間10％ものパフォーマンスを狙うことも可能です。当然、運用面だけでなく、相続や事業承継の際にも、プライベートバンクならではのサービスを提供してもらえるようになります。

ただし、前述のとおり、プライベートバンクは「投資好きな人」には向いていません。たとえば、さまざまな投資セミナーなどに参加して、自分で金融商品を見つけることに喜びを感じるような人が、そうした知識によりプライベートバンクのアナリストを振り回すと、かえってパフォーマンスが悪くなる恐れがあります。

プライベートバンクは、非常に優秀なアナリストをそろえていますから、金融商品探しや分析は、彼らに任せるのが最善と言えます。世界でもトップクラスのアナリストに仕事をさせないのは、もったいない話ではないでしょうか。

そもそも、アナリストたちは、顧客が提案する金融商品、特に新規のものを敬遠したがる傾向があります。彼らにとっては、分析しようにも分析する材料がなく、そのような商品をポートフォリオに組み入れて運用に悪影響が出てしまうことを懸念しているのです。

このような「投資好きの人」には、プライベートバンクではなく、ユニバーサルバンクのプレミアムアカウントのようなものが向いているでしょう。たとえば、香港のHSBCでは、預金額1000万円以上なら証券取引が可能な口座を開設でき、こうした口座を利用して、さまざまな金融商品に投資していくのが合っているかもしれません。

法人もスイス・プライベートバンクを利用

プライベートバンクは、個人で利用することはもちろん、法人として利用することもできます。

法人であっても、個人と同じサービスを受けられますので、たとえば会社の余剰資金を運用するときなどにはメリットが期待できます。個人よりも法人のほうが資産規模は大きいため、より効率的に資産を育てることもできるでしょう。

また、日本の税制は個人にかかる税と、法人にかかる税はルールが異なるため、節税面でより有利なスキームを取り入れることが可能となります。

ただし、口座を開設するにあたって、登記簿謄本や定款、印鑑証明書などを英語で用意する必要があり、英文テキスト化や、英文の各種証明書を認証する専門家への依頼が必須となります。

現状、日本の法人で、その資産をプライベートバンクで管理するケースはまだ多くないと考えられます。

これは、かつては日本の金融機関でもそれなりのリターンを得ることができたからです。しかし、もはやそのような時代は過ぎたことはすでにお伝えしました。銀行とのおつきあいがあるため、多額の日本円を預けている会社もあると思いますが、今一度考え直す時期に来ているのではないでしょうか。

プライベートバンクによる独自のサービスを、個人の富裕層はもとより、法人としても活用してみてはいかがでしょうか。

コンシェルジュサービスを有効活用する

ここまでプライベートバンクのサービスについて、その中心となる資産保全・運用の面から説明してきましたが、これだけにとどまるものではありません。

たとえば、子どもの進学や就職、旅行の際のアテンドなどが挙げられます。ある顧客から聞いた話では、オックスフォードやハーバードなどの名門大学へ進学できるよう、教育関係の専門家を紹介してもらえることもあるようです。

繰り返しますが、プライベートバンクにとって大きな目的は、資産の継承です。顧客の子どもは将来の相続者であり、将来の顧客です。教育面でのバックアップは、立派な顧客になってもらうためのプライベートバンク側の戦略でもあるのです。

預け入れ資産が10億円クラスの顧客になると、観光でスイスを訪れるときには、チューリッヒやジュネーブの空港に降りた直後から、リムジンでのアテンドを受けられたりします。

予約困難な人気レストランの席を確保したり、アルプスの絶景ホテルを手配したりといったことは希望さえすれば、可能な限り対応してくれます。イタリアでオペラを観たり、パリの美術館をガイド付きで巡ったりといったことも可能でしょう。セレブとしてのおもてなしが受けられます。

プライベートバンクの手厚いサービスは、旅行のときだけではありません。たとえば、顧客の本業に関連して、「国際税務に関してのアドバイスが欲しい」というような場合は、プライベートバンクのネットワークでエキスパートを紹介します。

海外移住に際しても、プライベートバンクは大いに助けてくれます。スイスへの移住はもちろん、カナダやオーストラリアなど、スイス以外の国への移住に関しても、専門家を紹介してくれたりします。

本書は、日本の居住者を念頭に説明をしていますが、今後は海外移住も想定してプライベートバンクの利用を検討する人が増えていくでしょう。

海外移住をするとき、海外の情報を自ら調べるのは大変ですが、プライベートバンクは資産運用に連動させながらアドバイスをしてくれます。

プライベートバンクがサポートできない領域

ここまで説明してきたとおり、プライベートバンクは顧客の資産保全・運用においては優れたサービスを提供しますが、一つだけ弱点があります。

それは、**「日本の税制」に関して、直接踏み込んだアドバイスをしたり、税務申告を代理したりすることができない**という点です。

日本では、税理士法の規定によって、次の業務については税理士資格を持つ税理士や公認会計士、弁護士しかできないルールになっています。

❶税務代理……税務調査を受けた場合の対応代理など
❷税務書類の作成……税務申告書等の作成代理
❸税務相談……税務申告等の作成や税額の計算などについて相談に応じること

したがって、こうしたサポートを希望するのであれば、日本にある税理士事務所や税理士法人を頼る必要があります。

たとえば、プライベートバンクを利用してファンドの売却益が出た場合や配当を受けた場合、プライベートバンクに預けた資産を相続する場合など、税務申告が必要となる場合は少なくありません。そういった意味では、プライベートバンクを利用する際、税理士と連携しているエクスターナル・マネジャーに依頼するとスムーズです。

次章以降では、日本の税制も踏まえながら、プライベートバンクを活用する具体的な方法を説明します。まずはその全体像を押さえ、専門家の支援を受けるようにしてください。

第5章　プライベートバンクで資産を継承する

資産継承こそプライベートバンクの強み

プライベートバンクの真の目的は「**資産を安全に次の代に継承すること**」です。資産を運用して増やすことは、その一過程に過ぎません。目先の運用成績が目的の欧米のユニバーサル・バンク、そこで運用されるプライベートバンキングとは、その点が異なります。

顧客からの手数料に主眼を置いている日本の金融機関とは、そのポリシーから違います。顧客の見方も、プライベートバンクは他の金融機関と異なります。プライベートバンクでは、顧客だけを見つめるのではなく、顧客の家族全体、さらには子孫までを視野に入れます。なぜなら、顧客から預かっている資産を、顧客本人はもちろん、彼の子供や孫、その後の代まで、しっかりと管理するのが彼らの使命だからです。

プライベートバンクが、顧客に対して資産運用以外のさまざまなサービスを提供しているのは、このように顧客を一個人として考えているのではなく、彼の家族や子孫までを自分のパートナーと考えていることの表れなのです。

栄枯盛衰を繰り返してきたさまざまな金融機関の中で、プライベートバンクが数百年の歴史を刻んできているのは、このように顧客から預かった資産を着実に継承し続けてきたことの証と言えます。戦乱の地であったヨーロッパ大陸で、長年資産を守り続けてきたノウハウこそ、プライベートバンクの最大の武器なのです。

脱税指南では決してない！

資産を安全に継承するには、当然、相続についてもフォローする必要があります。このときに誤解されがちなのが、「相続税をうまく逃れるノウハウを提供してもらえるのでしょう？」と、あたかもプライベートバンクが脱税指南をしてくれるのではないか、と思われていることです。

プライベートバンクが資産継承で顧客に行うサービスは、脱税の手助けではありません。顧客の望む形で、資産をスムーズに家族に分配、継承させることです。相続の過程で家族が争うことのないように、スムーズで賢明な相続を実現するために、プライベートバンクはそのノウハウを提供しているのです。

そして、それぞれへの相続が無事に完了したら、彼らが受け継いだ資産を減らしたりなくしたりすることのないよう、運用・活用できるようアドバイスをします。こうして、プライベートバンクは顧客個人ではなく、顧客の一族のパートナーになっていくのです。

そしてプライベートバンクが、資産の継承をスムーズに運ぶために活用する代表的なしくみが「**トラスト**」と「**財団**」です。ともに、ヨーロッパの資産家の資産継承の際に長く活用されてきた、実績も十分なものです。

「トラスト」とは？

トラストは、実はプライベートバンク独自のノウハウではなく、その起源はローマ時代にまで遡ると言われています。ただし、プライベートバンクが活用するスタイルは、13世紀のイギリスで誕生したものです。

当時のイギリスでは、農民たちが悪徳領主に苦しめられていました。そこで、自分たちの農地を悪徳領主に奪われてしまわないようにと考えたのが、「教会にすべての農地を寄進する」という方法です。これで形式的には、農民の領地は教会のものになったわけです

図表5-1　トラスト（信託）のしくみ

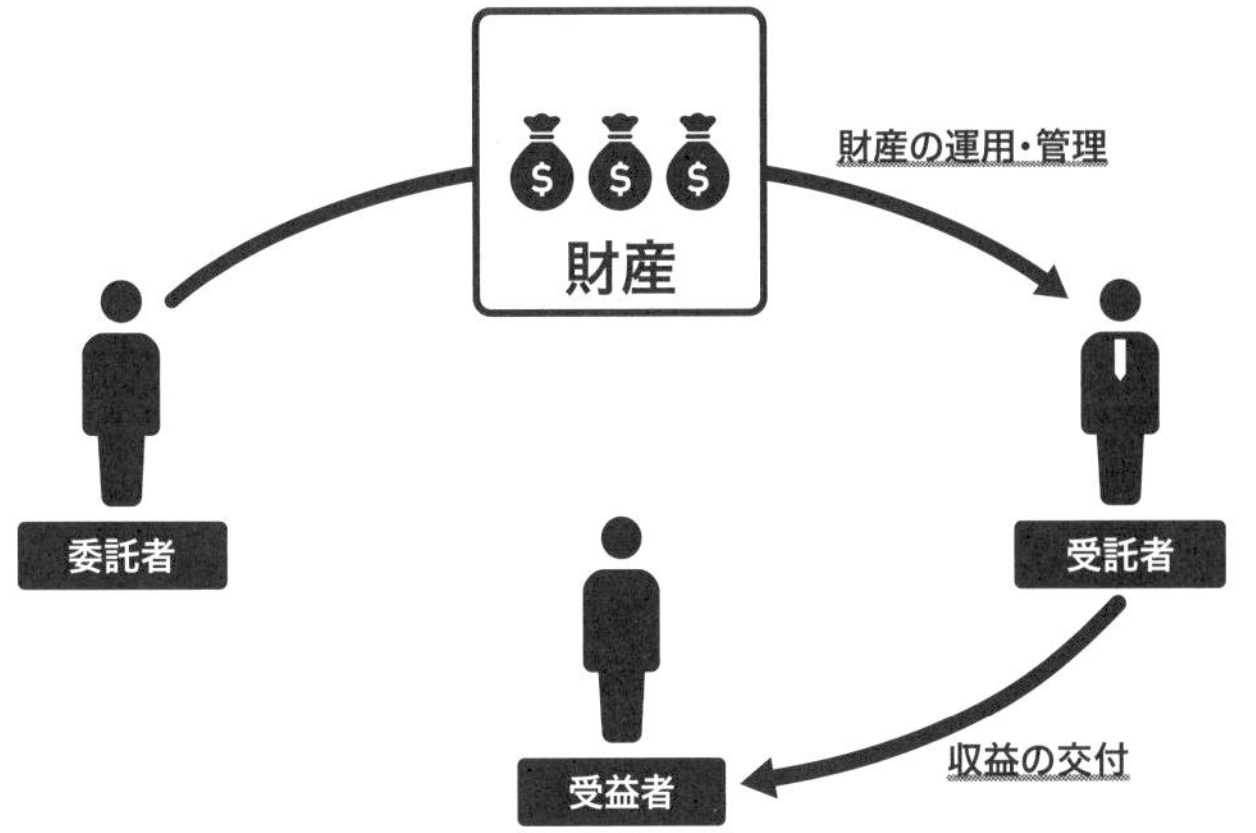

から、農民は自分たちの領地を悪徳領主に奪われることがなくなります。

トラストは日本語で「**信託**」「**委託**」という意味です。農民たちは、教会を「信用して」自分たちの領地を寄進という形で「託した」わけです。

信託銀行と名乗るところもあるほどですから、トラストは日本の金融機関も行っています。わかりやすいのが、「土地信託」です。

土地の所有者（委託者）が、信託銀行に土地の使用権を渡し、信託銀行は、その土地に賃貸物件や分譲物件を建設するなどして、その運用利回りを委託者に還元します。委託者が所有する土地の権利を一時的に手放すことで、信託銀行がその土地に対して、より有利な運用ができるというのが、メリットです。

プライベートバンクが提供するトラストは、この仕組みを土地に限定せず、現金、株券、債券、ファンドの受益権、貴金属など、あらゆる形の財産に活用できるものです（図表5－1）。

財産の所有権がトラストに移る

プライベートバンクが提供するトラストでは、顧客が所有する財産を、プライベートバンクが設定するトラストに信託します。まさに、プライベートバンクを「**信用して託し**」ます。この段階で、その財産は顧客のものではなくなるので、仮に顧客が借金などを抱えていたとしても、この財産に手がつけられることはありません。さらに、委託者はトラストの資産が生み出す運用益などに対しても、自分が保有するものではないため、納税の義務も発生しません。

このように、債権者や税金による干渉がないため、その財産は契約・遺言などに基づいて、争うことがなく家族に分配することができます。また、その財産はトラストの所有名義になるため、「**匿名性を確保できる**」というメリットもあります。

トラストを利用するには？

トラストの利用には特別に難しい手続きは必要ありません。プライベートバンクの顧客になれば、誰でも利用できます。担当者にトラストを利用したいと伝えるだけで、プライベートバンクが、すべてアレンジしてくれます。

スイス国内ではトラストの設定が法律で認められていません。そこで、プライベートバンクはトラストの設定が認められているタックス・ヘイヴンを利用します。プライベートバンクがよく活用する、リヒテンシュタインやイギリス王室属領のジャージー島、ガーンジー島にトラストを設定します。

税金がない、もしくは非常に低いタックス・ヘイヴンの地で、トラストを設定することで匿名性を確保できた資金を管理・運用するわけですから、節税面でも運用面でも大きなメリットが期待できます。

財産を受託の際にはもちろん、顧客の希望をもとに「**信託証書**」という契約書が作成されます。そこには運用や保全に関する具体的な希望を盛り込むことができます。

たとえば、「年間で5%以上の運用利回りを確保してほしい」「パフォーマンスは求めないので、とにかく減らさずに100%保全してほしい」「パフォーマンスを追求しながらも、損失の発生は5%未満に抑えてほしい」といったことを希望することができます。

作成された信託証書に基づいて受託者が財産を運用します。運用中は顧客（委託者）が指示を出すことはできません。トラスト設定時に組織された「運営委員会」が、信託証書の内容に基づいて資産を管理・運用します。

日本の「土地信託」と「トラスト」は考え方が180度違う

トラストに関しては、「顧客の財産の所有権がトラストに移る」という部分に不安を感じる人が多いかもしれません。自分の財産の所有権を、他の組織（トラスト）に渡すことに抵抗を感じるのでしょう。

先ほどトラストの一例として紹介した、日本の金融機関の「土地信託」ですが、土地の使用権が移るのは信託期間の一時期だけで、土地の使用権は所有者に戻るということが、前提になっています。この点では、日本の土地信託とプライベートバンクのトラストは似ているようで、大いに違うものなのです。

日本人が手離したくないと思う所有権をトラストに移すことで、不安ではなく「**安心を得よう**」というのがトラストの魅力なのです。だから、プライベートバンクのトラストでは、代々の資産継承を想定して、半永久的に設定し続けることが可能な仕組みになっています。

このように、日本の「土地信託」とプライベートバンクが提供する「トラスト」では、考え方が180度異なるのです。平成18年（2006年）の信託法改正により、日本の「信託」とスイスの「トラスト」は、より近いものになっています。

日本人でいる限り、顧客の資産には「日本の税金」が必ずかかります。相続は、被相続人の本国法によるため、日本国籍の被相続人の場合は日本法が適用されます。トラストに関する海外の税務上の取り扱いが柔軟で様々なプランニングの余地がある反面、日本の相続税法の下ではプランニングの余地が限られますが、トラストの魅力はこれだけではありません。

会社経営をしている人などは、会社で借り入れを行う際に個人保証を求められるケースもあるでしょう。これは日本の悪しき商習慣だと思いますが、日本の金融機関はこうした要求をするので、やむなく受け入れることも多いでしょう。こんなケースで、万一会社の経営が傾いてしまうと、自分の財産まで差し押さえられることがあります。

こんなときも、自分の財産をトラストに移しておけば、差し押さえの手が及ぶことがありません。自分の財産は、しっかりと家族や子供に継承することができるのです。

このようにトラストは、自分と財産の所有権を分離することで、自分の身に降りかかるかもしれない、万が一の事態（リスク）から、自分の財産を守ることができるのです。

信託証書は遺言書になる

トラストのメリットとして、運用面、そしてリスクヘッジに優れている点を説明しましたが、やはり基本は「**スムーズな相続を実現できること**」です。

トラストの運用に関する要望を記す信託証書は、遺言書の役割も果たします。希望する運用パフォーマンスだけでなく、委託者の死後の相続に関しても記すことができるのです。

たとえば、「不動産は妻に、運用中の金融商品は長男に、貴金属は長女に、株券は次男に」などと記しておけば、委託者が亡くなったあとに、家族間で不要なトラブルを避けながら財産を分配することができます。

この場合、委託者本人から家族に財産が相続されるのではなく、第三者であるトラストから家族へ運用資産が配分されることがポイントです。こうすることで、相続税への対策にもなります。これも、所有権をトラストに移すことで得られる安心の一つであることに間違いありません。

トラストを利用しての相続が、運用資産の分配になることのメリットは、他にもあります。トラストを利用することで、遺産相続ではなく資産の分配になるために、法定相続権にしばられない資産の継承が可能になるのです。

たとえば、委託者に複雑な事情があって、内縁の妻や隠し子がいるというケースもあるかもしれません。日本の民法では、内縁の妻や隠し子は、法定相続権が認められていません、しかし、トラストの信託証書に、内縁の妻や隠し子への財産の分配を記しておけば、実質的な相続が可能になります。これは、家族のケースと同じくトラストからの運用資産の配分になるため、相続とはみなされないからです。

このように、複雑な事情のある相続についても、トラストを利用すれば、不要な争いもなくスムーズに継承できるのです。

幼い子供や孫への継承もスムーズに

トラストの信託証書は、その内容を随時変更することができます。たとえば、家族構成の変更などによって、財産の分配方法やその割合を変更したい場合は、信託証書の内容を変更すればよいだけです。

また、トラストでは資産継承後の運用についても、細かく指示することができます。たとえば、資産を受け継ぎたい子供がまだ幼い場合は、分割して財産を引き渡すことができます。

仮に長男が5歳だったとしましょう。「長男には全財産の70％を分配するが、そのうちの10％を20歳までに15分の1ずつ分割して分配する。残りは21歳になったときに分配する」というように、記しておけば、実行されます。さらに、成人前の分配を子供の学費や住居費などに充てたい場合は、その支払い先を学校や不動産の管理会社にすることも可能です。

まさに顧客個人だけでなく、その家族や一族のパートナーであろうとする、プライベートバンクならではのサービスと言えます。

トラスト設定のコストと価値

ただし、これだけの対応を求めるには、それなりのコストも発生します。目安としてトラストの設定時には、約１万米ドルの経費がかかります。また、信託証書どおりに運用されているかを管理する「運営委員会」を維持するためのコストが年間約１万米ドル、継続的に発生します。１億円以上の資産がある場合は、こうしたコストを負担しても、十二分なメリットを得られるでしょう。

また、１億円の資産がない場合でも、本人が若く、資産運用を継続していける展望があるなら、コストを負担しながらトラストを設立する価値があるかもしれません。結婚や子どもの誕生、不動産の購入や新規事業の開始など、人生の節目と、それにまつわる出費に際してもトラストの存在は何かと便利なはずです。

また、自分の歩みや背負う責任に合わせて信託証書を見直していくことも可能です。トラストを大きく増やす資産の受け皿として活用し、将来の資産継承に向けての活用法を学ぶことができるなら、有意義な先行投資になるでしょう。

トラストに対する税制上の取り扱いについて、日本は独特のスタンスをとっているので、海外のトラストを利用する場合には、専門家のアドバイスを受けることが重要です。

プライベートバンクが活用する「財団」とは？

資産継承に多く活用される、もう一つのしくみが「**財団（ファウンデーション）**」です。財団は「**一定の目的のために集められた財産の集合体**」を意味します。社会貢献や教育・福祉の推進を支援する公益のための財団をイメージする人が多いでしょう。財団という言葉より「公益財団」という言葉のほうが耳になじんでいるかもしれません。

しかし、プライベートバンクが活用する「財団」は公益のためではなく、私益のためのものです。財団は個人の利益のためにも設立できるのです。

財団を利用する資産継承も、欧米の資産家の間では非常にポピュラーで、その内容もトラストによく似ています。トラスト同様、担当者に「財団」の活用を希望すれば、プライベートバンクがアレンジをしてくれます。スイス国内での設定は、これもトラストと同様に法律で認められていないため、タックス・ヘイヴンに設立します。

財団の場合は、スイスのお隣のリヒテンシュタインで多くが設定されます。面積がわずか160平方キロメートルの小さな国ですが、スイスにならって金融サービスに注力していて、スイス・フランも流通しているため、プライベートバンクにとっては勝手の良いタックス・ヘイヴンです。会社設立コストも非常に低いため、欧米の法人が多く登記されていることでも知られます。オフショア・ファンドも多く登記されています。

委託者は創設者になって受益者へと資産が分配される

リヒテンシュタインで設立する財団は、個人の富裕層向けの私益財団である**「家族財団（ファミリー・ファウンデーション）」**というものです。

トラストで言うところの「委託者」は、財団の場合、「家族財団の創設者（ファウンダー）」になります。創設者は、財団に対して継承したい財産を寄付します。トラストで委託者が資産の所有権をトラストに渡すように、創設者は財団に資産を「寄付」することで、所有権を切り離し、より自由で安全に管理・運用されるのです。

実際の保全・運用に関しては「**運営委員会**（コミッティー）」がその内容をチェックする、というのもトラストと同じです。

もちろん、財団の資産は創設者の要望に基づいて運用されます。やがて訪れる相続のタイミングでは、創設者が指名した受益者である家族などに、指示どおりの割合で資産が分配されます。トラストの信託証書のような形で、創設者は寄付した資産について、細かく指示を出せます。

大富豪向けサービス「ファミリー・オフィス」

トラストや財団から、さらに1ステップ上のサービスとして設定されているのが、「**ファミリー・オフィス**」です（図表5－2）。

ファミリー・オフィスとは、特定の家族（一族）のために編成される「資産保全・運用チーム」です。運用マネジャー、弁護士、税理士など、財務・法務・税務のスペシャリストがその家族の希望に沿って、資産の保全や運用を行うというものです。

図表5-2　ファミリー・オフィス

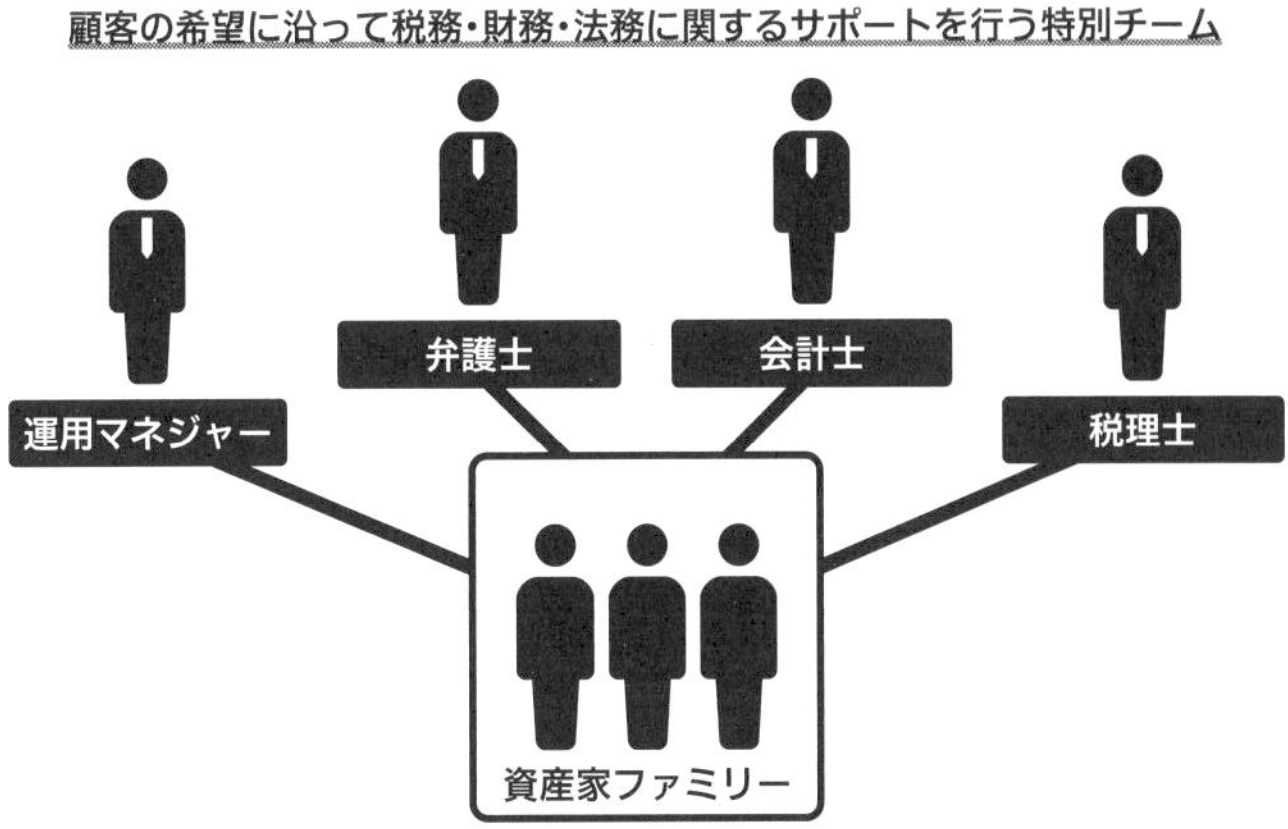

通常、プライベートバンクの顧客には専属の担当者がつきますが、ポートフォリオの作成、資産の運用などは、別部署のアナリストやファンドマネジャーが行います。ファミリー・オフィスでは、家族の希望を実現するために、こうした各分野の専門家を集め、一つのチームとして動いてもらいます。まさに、家族専用の「真のプライベートバンク」とでも言えるような、最上級のサービスです。

ファミリー・オフィスは20世紀初め、アメリカの大富豪向けサービスとして発展しました。大財閥のロックフェラーや鉄鋼王カーネギーのパートナーとして知られるヘンリー・フィリップス家などが専属のチームを設立したのが、ファミリー・オフィスの先駆けだったと言います。

現在に至るまで、アメリカの超富裕層向けサービスとして発展してきました。ただし、考え方としては、伝統的なプライベートバンクの手法と非常に似ている部分が多いため、近年ではプライベートバンク自身も「ファミリー・オフィス」のサービスを提供するようになりました。

非常にぜいたくなサービスであるため、ファミリー・オフィスの活用に向いた資産額は、トラストや財団を大きく上回る50～100億円規模のものになります。

第6章　スイス・プライベートバンクに口座を開設する

プライベートバンクは顧客を選ぶ

プライベートバンクのさまざまなサービスを活用するための第一歩は、当然のことながら、口座を開設することです。しかし、プライベートバンクは、〝一見《いちげん》さんお断り〟となっています。信用できる人の紹介がなければ、絶対に口座を開くことはできません。そもそも必要な書類は英語で書かれているので、よほど英語力がないかぎり日本人が一人でやりとりをすることは不可能でしょう。

プライベートバンクでの口座開設は、基本的に私たちエクスターナル・マネジャーなどを経由して手続きを行うことになります。数は多くありませんが、すでに口座を開設している顧客からの紹介、というケースもあります。

ただし、どんな場合でも必ず信用調査が行われます。たとえば、現役の政治家や外交官は、本人がクリーンであれ、ダーティーであれ、口座を開設することはできません。国家の機密に関わっている人のお金を、プライベートバンクが受け入れることのリスクを避けるためです。

また、過去に金融スキャンダルなどを起こした前科がある人も口座を開設することはできません。こういった事件に関しては、プライベートバンク側も独自のブラックリストのようなものを持っています。仮に本人以外の家族などの名義を使ってごまかそうとしても、簡単にばれてしまいます。

一般論ですが、こうしたスキャンダルがあった人物の資産は、プライベートバンクではなく、スイスのユニバーサルバンクに預けられていることが多いようです。

ただし、プライベートバンクが一度、顧客として受け入れたなら、その資産の内容について詮索することはありません。プライベートバンクの哲学の一つに「**お金に匂いはない**(Money Has No Smell)」というものがあります。顧客になった者の資産については、不要な詮索を一切行いません。

なお、日本からスイスのプライベートバンクの口座を開くことは可能ですが、今後の動向については注視する必要があるでしょう。

すでに、アメリカ国籍の顧客は海外のプライベートバンクに口座を開設することができません。これは、アメリカの国内法で規制されているためです。法の抜け穴を突いて口座を開設しようとするアメリカ人もいますが、当然、プライベートバンクはそうしたリスクがある顧客と取引をしません。したがって、スイスのプライベートバンクの場合、アメリカ国籍の顧客の口座開設を拒んでいます。

実は、日本もこれに近い動きを始めています。段階的に手を打ちながら、最終的にはプライベートバンクが日本人の資産を受け入れない方向にもって行きたいという意向を感じます。なぜなら、国内の資産が海外に出てしまうよりも、日本国内にあったほうが課税しやすいからです。国外財産調書やＣＲＳなどにより、以前より把握されやすくなったとはいえ、「あらゆる抜け道を塞ごう」と日本政府が考えれば、プライベートバンクの利用にメスが入る可能性もゼロではありません。

プライベートバンク口座開設までの手順

口座開設を希望する富裕層は、エクスターナル・マネジャーとコンタクトをとり、プライベートバンクでの口座開設の依頼をします。

この際、エクスターナル・マネジャーは、希望者がプライベートバンクに口座開設を行うのが適当なのか、もしくは他により適した資産運用方法があるのかを、ヒアリングなどによって判断します。

たとえば、その人物が、とにかく高いパフォーマンスの金融商品での資産運用を希望していて、資産保全への興味がさほど高くないようなら、プライベートバンクに口座を開設するよりも、高パフォーマンスのヘッジファンドに投資を行うことで、より効率的に資産運用ができるでしょう。

資産運用と保全の両方を希望していて、相応の規模の資産があり、その人物の信用性にも基本的な問題がないと判断できた場合、エクスターナル・マネジャーは、プライベートバンクの口座開設に必要な手続きを開始します。

プライベートバンクの口座開設手続きは、基本的に書面で行います。最近ではインターネットで口座開設手続きの大半を済ませられる金融機関も増えていますが、プライベートバンクはこうした利便性に対しては積極的ではありません。

プライベートバンクから最初に送られてくる書類には、口座開設に際しての質問事項がいくつかあります。その内容は次のようなものです。

- 資産規模（資産総額と預け入れを希望する金額）

- 資産の内訳（現金、株式、不動産などの比率）
- 職業
- 家族構成
- 過去の投資経験（株式、ファンドへの投資、海外金融機関での運用の有無など）
- 運用目的（希望する運用パフォーマンス、資産継承時の希望など）
- リスク許容度（安全重視か、リターン重視か）

当然のことながら、こうした情報は正しく伝えなくてはいけません。虚偽の情報を記入すると、口座が開設できなくなります。このようなことがあれば、エクスターナル・マネジャーの信用も落ちてしまうため、エクスターナル・マネジャー側もしっかりと審査を行うこととなります。

このため、エクスターナル・マネジャーを経由すると、それだけでもプライベートバンクからの信用を得やすくなり、口座開設もスムーズに運びます。したがって、**直接プライベートバンクに申し込むのではなく、エクスターナル・マネジャーにまずコンタクトを取る**ことをおすすめします。

口座開設に際しての質問に回答し、回答内容に問題がないと判断されれば、いよいよプライベートバンクから口座開設書類が届きます。この書類は全文英文の非常に分厚い書類で、プライベートバンクに口座を保有することについての詳細な説明事項や注意事項が記されています。いわば、プライベートバンクとその顧客になる富裕層との間で交わされる契約書と言ってよいでしょう。

これらの文書を理解するのは困難で、ましてや英語がそれほど得意でない人にとっては非常に大変です。そんなときには、エクスターナル・マネジャーが、内容の説明を行いながら、記入のアドバイスをします。

中には日本語訳の文書を希望する人もいますが、翻訳文書などを作成することは、プライベートバンク側が一切認めていません。これは訴訟時のリスクが絡むためです。

したがって、プライベートバンクとのやりとりに関しては、翻訳業者などに依頼するのではなく、マンツーマンで書類作成のケアができるエクスターナル・マネジャーに一任することが望ましいと言えます。

近年はこれらの書面のやりとりのなかで、顧客のＴＩＮ（Tax Identification Number納税者識別番号）を聞かれるようになっています。日本人の場合、これは「マイナンバー」が該当します。これから口座を開こうとする人はもちろん、すでにプライベートバンクに口座を持っていた人も、マイナンバーを報告する必要があります。

「執行口座」と「一任勘定口座」の違い

日本の銀行に普通預金口座や当座預金口座、積立口座などがあるように、プライベートバンクの口座にもいくつかの種類があります。

大きく口座の名義による種類としては、顧客個人のみの「**単独口座**」、複数で口座を共有する「**共同名義口座**」の2種類です。共同名義口座の場合は、名義の登録が3人まで認められます。

さらに、プライベートバンクで希望する運用方法によって、「**執行口座**」と「**一任勘定口座**」に分けることができます。

①執行口座

自分で運用方法やその配分を決定するタイプの口座です。この口座では、口座の名義人である本人が、資産の運用方法を指示する必要があります。たとえば、「資産の3分の1をヘッジファンドで運用、残りを債券ファンドと現金預金に」といった指示をすると、プライベートバンクがそれに該当する金融商品のなかからパフォーマンスの優れたものを選択するという流れです。また、名義人本人が希望すれば、個別の金融商品を指定することも可能です。

ただし、この場合に生じた損失については、プライベートバンクの責任は問われず、名義人本人の責任となります。また、執行口座での金融商品の売買は「執行取引」と呼ばれ、その都度、売買手数料が発生します。

執行口座は、名義人本人の裁量によって運用成績が左右されることが多いため、プライベートバンクが持つノウハウを活用しきれないという面があります。プライベートバンクがもたらすメリットを最大限活用しようと考えるなら、この執行口座はあまりおすすめできません。

②一任勘定口座

プライベートバンクに運用を全面的に任せる口座です。この口座を利用すると、プライイベートバンクのノウハウを活かしながら、手間なく資産運用をすることができます。名義人は希望するパフォーマンスを伝えるだけで、後はお任せでプライベートバンクが動いてくれます。もちろん、「パフォーマンスはゼロでもよいので、とにかく資産を保全すること」というリクエストでも問題ありません。

しかし、プライベートバンクでは、一般的に日本人へは執行口座でのアドバイザリー契約をすすめています。この理由については、おそらく日本に支店を持たないプライベートバンクが一任勘定口座で運用を行うことに対するリスクヘッジだろうと考えられます。さらにエクスターナル・マネジャーの存在をキチンと入れることも求めています。

プライベートバンクは、顧客のリクエストを実現するために世界のあらゆる金融商品を駆使して資産を運用します。

アドバイザリーサービスを利用した執行口座での運用であっても、一任勘定口座であっても、よほどのことがない限り、年間で3~8%くらいのパフォーマンスの実現が期待されます。運用成績は、まさにプライベートバンクの存在意義に関わることであり、顧客をつなぎとめておくためにも、プライベートバンクは運用成績を上げようと必死に努力します。

プライベートバンクに口座を開設し、運用することとは、「**本業に集中したいから、運用はお任せしたい**」といったニーズにぴったりです。顧客がやることは、定期的に報告書をチェックし、必要に応じて追加の送金をするくらいですから、まさにプライベートバンクがパートナーとして活躍してくれます。

ただし、日本人がプライベートバンクの口座を運用する場合、「**プライベートバンクは投資の判断について、その都度、顧客の了承を得なくてはならない**」というルールとなっています。これは日本の法律の規制によるものです。

本来、一任勘定口座のように完全にお任せで運用してもらえたほうが効率的なのですが、そのメリットが一部阻害されてしまいます。実際、プライベートバンクの担当者も「日本だけは面倒だ」と言っていました。日本は規制でガチガチに固められて、資産運用に制限が加えられることに問題を感じます。

プライベートバンク口座への送金

書類記入の際に、日本人が苦しむのがサインです。サインは海外では一般的ですが、印鑑社会の日本ではまだなじみが少ないものです。

プライベートバンクでは、日本の金融機関のように印鑑などは通用しません。すべての手続きは、口座名義人のサインで行われます。サインが一致しないと、各種の手続きが執行されませんから、書類へのサインの記入時には、その後も忘れてしまうことのないパスポートのサイン等を記入しましょう。サインは漢字でも登録できますが、プライベートバンクの担当者が表記の一致を確認するのが大変ですから、パスポートの漢字名は、ローマ字表記のサインにするほうが賢明でしょう。

口座開設書類へ記入し、書類をプライベートバンクに送付すると、記入に不備がない限り、口座開設の手続きは完了です。

次に、預け入れ資金をプライベートバンクに送金します。以前、海外送金業務は日本国内では大手都市銀行しか行っておらず、送金に際して高額な手数料がかかっていました。最近ではネット銀行など、新興の銀行が格安の手数料と柔軟な通貨選択を打ち出しているので、各行の海外送金を研究し、コスト節約に取り組むのもよいでしょう。

海外送金のコストを調べるときは、送金元の銀行に支払う手数料に加えて、受け取り銀行への中継を担当する銀行、さらに資金を受け取る銀行が、それぞれに手数料を徴収します。これらの手数料は、銀行によって大きく異なるため、慎重に選択する必要があります。ここも、エクスターナル・マネジャーのアドバイスが非常に有効になる部分です。エクスターナル・マネジャーにとって、プライベートバンクへの送金は何度も関わっているものであり、さまざまな助言が得られるでしょう。

なお、海外送金に関しては、昨今のマネーロンダリング防止法などによって、かなりチェックが厳しくなっています。送金先の銀行はもちろん、資金の内容・用途、受取人の詳細、送金目的、運用期間などを細かく質問されます。

さらに、税務署からも海外送金について後日チェックが来ることも考えられるため、事前に対応できるように情報を整理し、証拠となる書面なども適切に保管しておくようにしましょう。

また、プライベートバンクに預ける資金は、細かく出し入れしないことが前提の資金である必要があります。なぜなら、プライベートバンクには、使い勝手の悪い部分もあるからです。後述するように、そもそもプライベートバンクにキャッシュカードはなく、当然、ＡＴＭも存在しません。口座を開設して資金を送金したからといって、少額の現金を出し入れすることは好まれません。日本の銀行の普通預金とは違うということを頭に入れておいてください。

まとまった額の現金であっても、日本に戻してもらうには、運用内容によっては出金に時間のかかる場合があります。たとえば、預け入れ資産の大半をファンドなどの金融商品で運用しているような場合、金融商品を売却して現金化する必要があり、すぐに出金できません。目安として、流動性の高い金融商品に投資していると1000万円の現金を指定口座に送金してもらう場合は、3～4日かかると思っておくとよいでしょう。

普段の生活に必要な資金などは別の銀行に預けておき、プライベートバンクには不要不急の資金を預けて〝お任せ〟しておく。そういった意味で、プライベートバンクは「銀行」というよりも、運用して増やすこともできる、優れものの「金庫」と考えたほうが近いのではないかと思います。

国外財産調書を提出する場合

第1章で説明しましたが、プライベートバンクに資金を送金した場合、**「国外財産調書」**の提出が必要となる可能性があります。

あらためて説明をすると、国外財産調書とは、その年の12月31日時点で5000万円を超える国外財産を保有する日本居住者は、翌年の3月15日（休日の場合は翌日）までに国外財産調書を税務署に提出しなくてはならないという制度です。この調書に、提出者の氏名や住所、マイナンバー、国外財産の情報などを記載して提出することとなります。

なお、国外財産の「価額」は、その年の12月31日における時価や見積価額によることとされ、同日における外国為替の売買相場により邦貨換算して判定することになります。したがって、プライベートバンクに億単位に上るような資産を預けていた場合、毎年12月31日時点の情報に更新して提出しなくてはなりません。

国外財産調書の提出を怠ったり、記載漏れがあったりした場合には、その国外財産に関する所得税や相続税の申告漏れに対するペナルティが厳しくなります。

CRSが実施されるようになった今、税務当局は国外財産調書の提出漏れを把握しやすくなっています。CRSから多額の国外財産を持っていることを把握された人物が国外財産調書を提出していなかったとしたら、税務調査が行われるリスクも高まります。したがって、リスクヘッジのためにも、国外財産調書は忘れずに提出するようにしましょう。

口座開設後のフォローとするべきこと

ここまでプライベートバンクへの口座開設の手順から運用スタートまで、一連の流れはイメージしていただけたと思います。プライベートバンクによるフォローはここから本格的にスタートします。

まず、プライベートバンクは、資産の運用状況を報告する「**運用報告書**」を定期的に届けてくれます。この書類は、国外財産調書を提出する際にも活用できるでしょう。なお、送付のサイクルは運用内容によって違いますが、四半期または半期に一度のペースが一般的です。リクエストがあれば、毎月報告書を送ってもらうことも可能です。

プライベートバンクからの連絡は、このようなペースですが、顧客の側からはいつでもコンタクトをとることができます。メール、FAX、電話など、都合のよい方法を選ぶことができますが、やりとりは英語が基本となります。

1年に1回は、プライベートバンクの担当者と直接顔を合わせる機会も設けられます。担当者が顧客を訪れて、資産の状況を報告してくれるため、この際に、ポートフォリオの見直しや運用スタイルの変更などについて相談することが可能です。担当者はもちろん日本語を話せないので、通常はエクスターナル・マネジャーが同席して通訳をこなします。なお、ポートフォリオの見直しの機会は、担当者が来日したときに限定されません。

このように、顔を合わせる機会が限られていることも、ある意味でメリットと言えるのではないでしょうか。

日本の金融機関では、特に富裕層に対する営業が少なくありません。中には忙しいからと断っているのに、「土日でもいいから時間をとってほしい」といった電話が来ることもあります。プライベートバンクは、そもそも担当者が遠方にいますし、ちょうどいい距離感でつきあってくれますので安心です。

また、仕事が忙しい時期など、プライベートバンクとのやりとりが面倒であれば、エクスターナル・マネジャーに任せることももちろんできます。エクスターナル・マネジャーは、プライベートバンクとの橋渡し役ですから、どのようなつきあい方を希望されるのかを伝えれば、そのように配慮されます。

日本国内で緊急事態が発生した場合の対応

プライベートバンクにはキャッシュカードがなく、クレジットカードの決済口座にも使えないため、「いざというときに使えないのでは」と心配されるお客様もいます。

2011年に東日本大震災を経験した私たちは、改めて日本が自然災害リスクの高い国であることを実感しました。将来発生することが確実視されている南海トラフ巨大地震をはじめ、今後も日本各地で大地震の発生が予測され、富士山や阿蘇山など、火山噴火への備えも求められています。危機的状況に直面し、一時的にでも日本を離れて生活をしたいと考える人もいるでしょう。もしも将来、このような災害に見舞われたとき、プライベートバンクはどのように対応してくれるのでしょうか?

たとえば、海外にいるときに日本で金融パニックが起きるほどの大きな災害が起こったとします。日本の金融機関に資産を預けている場合、その災害の規模によっては、しばらくの間、預金を引き出すことはできません。しかも、海外で日本のクレジットカードが使えなくなる恐れもあります。VISAやアメリカンエクスプレスならしばらく可能でしょうが、日本の金融機関が機能停止するほどの事態に陥った場合、いつまで利用できるか疑問です。

そんなとき、プライベートバンクが役に立ちます。窓口で数時間ほど待てば、その日のうちに300万円くらいであれば引き出すことができるからです。

前述したとおり、通常、プライベートバンクで金融商品として運用している資産の現金化には数日かかります。しかし、顧客に特別な事情がある場合は、300万円ほどの現金であれば、当日の払い出しに対応してくれるのです。通常はスイス・フランですが、ドルやユーロで受け取ることも可能なので、当面の生活に不便はなくなるでしょう。このようなリスク時の臨機応変な対応も、プライベートバンクの大きな魅力です。

プライベートバンクが今日まで生き残ってこられたのは、リスクへの対応が優れているからに他なりません。その成立から戦争や災害など、不測の事態に備える仕組みがあるので、利用者にとっては心強いのではないでしょうか。

第7章　海外で資産運用をするときの税金対策

プライベートバンクは脱税を指南しない

最終章では、富裕層がプライベートバンクを使って資産運用を行うときの税金の取り扱いについて解説します。

最初に認識していただきたいのが、**「プライベートバンクは脱税を手助けしてくれない」**ということです。

一般的なイメージとして、「プライベートバンクを使えば、財産を隠せる」「税金をうまく逃れるノウハウを提供してもらえる」といった誤解があるようですが、そのような事実はありません。

ここまでお伝えしてきたとおり、プライベートバンクが行うのは、**預けた資産を減らしたりなくしたりすることのないよう、運用・活用できるアドバイス**です。その結果として得た利益については、当然のことですが正しく申告納税を行う必要があります。

税金にはグレーゾーンが確かに存在するので、世の中には法の穴を突くような方法を提案するアドバイザーもいるかもしれません。しかし、無理な方法でいったんは税金を減らすことができたとしても、税務当局から否認されるリスクは常につきまといます。しかも、違法な手段で意図的に納税を逃れる行動をすると、脱税行為とみなされ、高額な追徴課税が行われることも考えられます。

そのようなリスクを避けるためにも、税金の基本的な知識を身につけ、〝合法的に〟申告・納税をすることが大切です。納める税金が多すぎてもいけませんし、少なすぎて税務処分を受けるのも問題なのです。

「全世界所得課税」の日本の税金から逃れるのは難しい

プライベートバンクに送金すると、その後、さまざまな金融商品によって運用されることになります。このとき、たとえスイスのプライベートバンクを通じて海外の金融商品で運用したとしても、日本の税金の問題が生じます。

その理由は、日本の税制の原則は「**全世界所得課税**」であり、基本的には国外で得た所得についても課税対象になってしまうからです。

個人の所得税は「居住形態」で税金のかかり方が違います。これは①「**日本に住所があ**

るか、もしくは居所を持っているか」、②「**日本に何年住んでいるか**」という2点によって税金が変わってくるということです。日本に住む個人は税法においては「**居住者**」「**非居住者**」の2つに分類され、「居住者」は「**永住者**」と「**非永住者**」に分類されます。

規定の内容は図のとおりですが、簡単に解説しますと日本の所得税法では、個人の納税義務者を「居住者」と「非居住者」に大きく分けてルールを設けています。居住者とは、国内に「住所」を有する場合、もしくは現在まで引き続き1年以上「居所」を有する個人をいい、これに当てはまらない場合は非居住者として取り扱われます（図表6－1）。

「住所や居所を有する」というのは、簡単に言えば、**生活の本拠が日本にあったり、日本で居住を続けていたりする**ということです。この判断は裁判で争われるほど微妙な問題をはらんでおり、税務当局は、住民票の移転状況はもちろん、パスポートの履歴や電気・水道の使用量までチェックします。このほか、ふだんの暮らしぶりや家族、職業、資産の所在や滞在日数などの状況も踏まえて総合的に判断されます。形だけ住所を動かしても意味がないことは覚えておきましょう。

過去には人気小説『ハリー・ポッター』シリーズの翻訳者が、国税局から翻訳料など約36億円の申告漏れを指摘され、7億円を超える追徴課税を受けました。報道によると、本

図表6-1　所得税の居住者判定

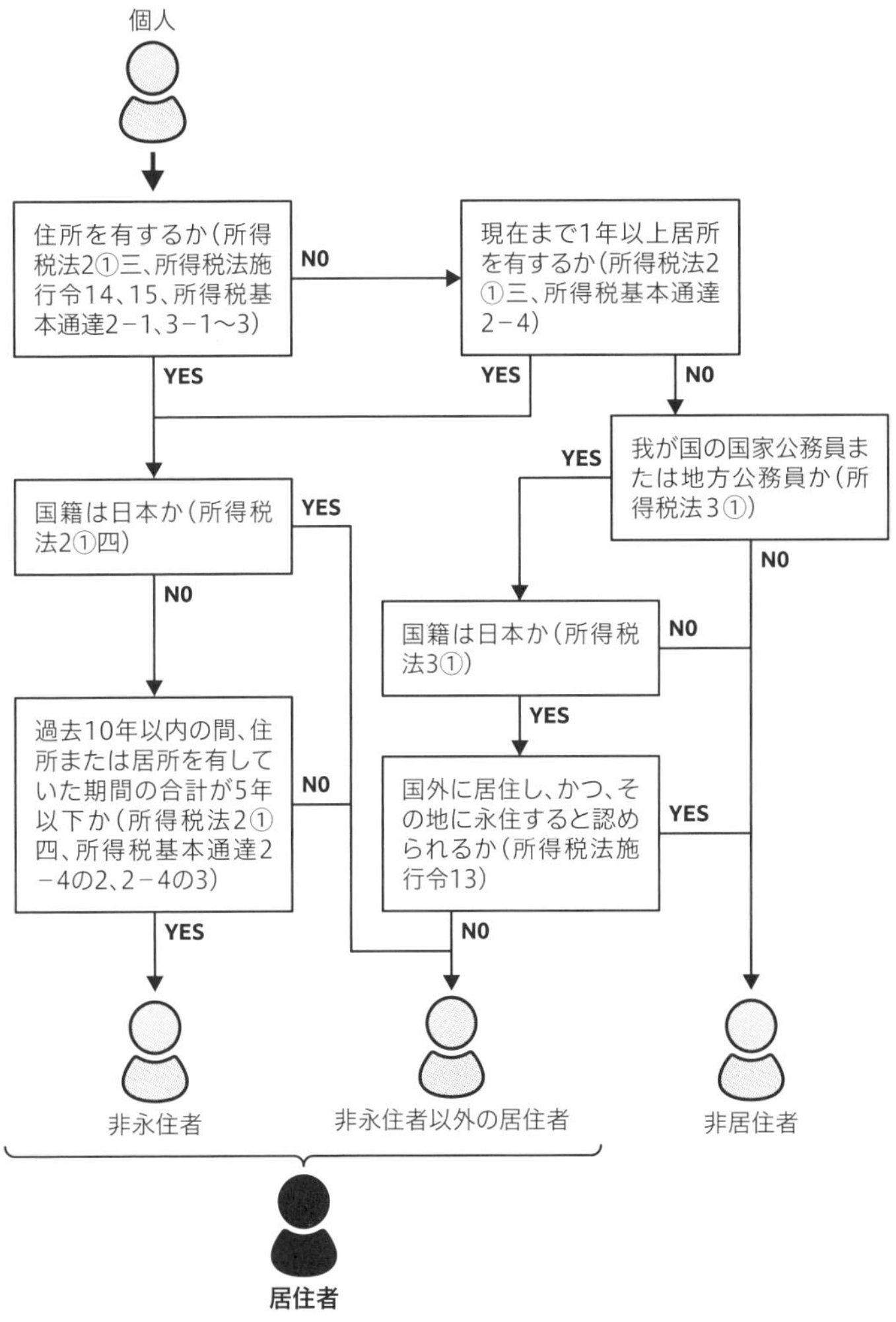

人はスイスに居住していたつもりでいたところ、日本での活動状況などを踏まえ東京国税局から日本の居住者と判定され、多額の追徴課税を受けた形です。この際、スイスと日本の税務当局の間で「相互協議」という話し合いが行われました。

では、自分が居住者なのか、非居住者なのかを判断できたとしましょう。次は、自身が得た所得のタイプを判定します。ここでは、国内にある資産の運用などで生じる所得を「**国内源泉所得**」といい、国外にある資産などから生じる場合は「**国外源泉所得**」と区分されます。

日本の居住者の場合、国内源泉所得だけでなく、国外源泉所得についても課税されます。つまり、海外で資産を運用したとしても、居住地が日本である限り、日本の税金から逃れることはできません。たとえ日本国籍がなくとも、日本で暮らし、日本で所得を得ている外国人は、継続して1年以上居住し、職業を有する場合には居住者になりますから、日本に税金を納めなくてはならないのです。こうした日本の税制の考えを「**属地主義**」といい、生活の本拠を中心に納税義務が判定されます。

「海外での収益だから、税金を納めるのは海外だけであって日本は関係ない」と思っていたという人は少なくありません。**日本の所得税法では、非永住者以外の居住者（つまり普**

通の日本人）は全世界における所得については申告し納税をしなくてはならないのです。

ちなみにアメリカの考え方は、日本とは対照的です。それは、「アメリカ人である限り、どこで暮らし、どこで所得を得ていようと、税金はアメリカに納めなさい」というものです。この考えを「**属人主義**」といいます。アメリカ人である限り、どこまでもアメリカの納税義務は追いかけてきます。

もし1年の間に数カ国にわたって転々と移動したとしても、税務当局から「生活の本拠は日本にある」と判断されて、居住者として納税を求められるリスクがあります。このような複雑な判断が絡むため、プライベートバンクを利用する場合は、税理士とも協議して最適なタックスプランニングを構築し、これに従った渡航計画を立てることが重要です。

海外で納めた税金は外国税額控除で差し引ける

居住者がプライベートバンクを利用して資産を運用すると、それが国外源泉所得に当たる場合であっても確定申告を行う必要があります。

この場合、国外で課税された所得も含めて、日本でも申告をして納税をしなくてはならず、いわゆる「**二重課税**」の状態が生じます。
このとき、確定申告の際に「**外国税額控除**」を使うことで、二重課税を解消することができます。外国税額控除とは、居住者が外国の所得税を納付した場合に、その税額のうち一定額を、日本の所得税の額から差し引けるというものです。この限度額は、次の計算により求められ、控除しきれない外国税額控除がある場合、翌年以降3年間の繰り越しも認められます。

外国税額控除限度額＝その年分の所得税の額×（その年分の調整国外所得総額／その年分の所得総額）

このように二重課税を解消する制度があるため、国内と国外の資産のどちらを運用したとしても、日本の居住者である限りは税負担に違いがありません。日本の居住者は、「投資先の国の税金が安いか」ということを考えてもあまり意味がなく、それよりも「**その国の資産の運用パフォーマンスは高いか**」を重視するのが合理的です。

国外財産にも相続税がかかる

先ほど所得税の納税義務について説明しましたが、相続税の納税義務についても触れておきたいと思います。相続税の場合、死亡した被相続人だけでなく相続人の居住状況なども納税義務の判定に影響します（図表6－2）。

相続税の納税義務には複数のパターンがありますが、とくに重要なのが「**無制限納税義務者**」と「**制限納税義務者**」のどちらに該当するかという点です。

「無制限納税義務者」には「**居住無制限納税義務者**」と「**非居住無制限納税義務者**」があります。居住無制限納税義務者は「相続または遺贈によって財産を取得し、その財産を取得したときに日本に住所を有する個人」、非居住無制限納税義務者は「相続または遺贈によって財産を取得し、その財産を取得したときに日本に住所を有しない個人」と規定されています。「制限納税義務者」とは、相続または遺贈によって日本国内にある財産を取得し、その財産を取得したときに日本に住所がない個人をいいます。

無制限納税義務者の場合、国内財産と国外財産のどちらも相続税の課税財産になります。

図表6-2　納税義務者の判定（特定納税義務者を除く）

課税時期：令和3年4月1日～（改正法附則11）

被相続人・贈与者 ＼ 相続人・受遺者・受贈者		日本国内に住所あり	日本国内に住所あり：一時居住者※1	日本国内に住所なし・日本国籍あり：相続開始前10年以内に住所あり	日本国内に住所なし・日本国籍あり：相続開始前10年以内に住所なし	日本国内に住所なし・日本国籍なし
日本国内に住所あり		居住無制限納税義務者	居住無制限納税義務者	非居住無制限納税義務者	非居住無制限納税義務者	非居住無制限納税義務者
日本国内に住所あり	外国人被相続人※2 外国人贈与者※2	居住無制限納税義務者	居住制限納税義務者	非居住無制限納税義務者	非居住制限納税義務者	非居住制限納税義務者
日本国内に住所なし	相続開始前10年以内に住所あり	居住無制限納税義務者	居住無制限納税義務者	非居住無制限納税義務者	非居住無制限納税義務者	非居住無制限納税義務者
日本国内に住所なし	非居住被相続人※3 非居住贈与者※3	居住無制限納税義務者	居住制限納税義務者	非居住無制限納税義務者	非居住制限納税義務者	非居住制限納税義務者
日本国内に住所なし	相続開始前10年以内に住所なし	居住無制限納税義務者	居住制限納税義務者	非居住無制限納税義務者	非居住制限納税義務者	非居住制限納税義務者

※1　出入国管理及び難民認定法別表第1の在留資格で滞在している者で、相続の開始前15年以内において日本国内に住所を有していた期間の合計が10年以下の者
※2　出入国管理及び難民認定法別表第1の在留資格で滞在している者
※3　日本国内に住所を有していた期間、日本国籍を有していない者

一方、制限納税義務者であれば、国内財産のみが課税対象となり、国外財産は相続税の課税財産になりません。

ここで、「海外に移住して財産も国外に移せば、日本の相続税を払わなくていい」と思われるかもしれませんが、これを実現するのはかなり困難と考えられます。というのも、このような税逃れを封じる税制改正がすでに行われているからです。

たとえば、相続開始時点で被相続人と相続人のどちらか一方でも国内に住所を持っていたら、その時点で無制限納税義務者になります。また、たとえ相続を見越して海外に住所を移したとしても、被相続人と相続人のどちらかが相続開始前10年以内に日本国内の住所

を持っていたら、やはり無制限納税義務者と判定されます。

以前、相続税の規定はここまで厳しいものではありませんでした。平成12年（２０００年）度の税制改正前は、日本国内に住所を有していなければ、たとえ日本国籍であっても制限納税義務者と判定され、国外財産は相続税などの課税対象にはなっていなかったのです。

以来、相続税などの納税義務者の判定については改正が重ねられて現在に至るわけですが、こうした改正は、海外移住やキャピタル・フライトによる、つまり、国外財産を制限納税義務者に贈与または相続して、日本の相続税・贈与税を逃れるという、税逃れに対する財務省の危機意識があったと考えられます。

ここで特に影響したと考えられているのが、いわゆる「武富士事件」です。

事件が起きるきっかけは、消費者金融大手として知られる武富士の創始者が、香港に在住する長男に海外法人の株式を生前贈与したことにありました。

当時の相続税法では、海外の居住者が国外財産を贈与や相続で取得した場合、課税対象外とされていたため、当然ながら長男は贈与税の申告をしませんでした。

ところが、この事実を把握した税務当局は、約１３００億円の贈与税を申告しなかったと判断し、贈与税の決定処分を下します。つまり贈与税を半ば強制的に課したのです。この処分の根拠とされたのが、「住所」の解釈にありました。

税務当局側は、「香港の住所は税法上の住所ではなく、長男の住所は国内にある」と主張しました。この判断の根拠については複雑なため説明を割愛しますが、税務署としては「香港は税逃れのための仮の住所」という判断をしたことになります。

贈与税の決定処分を受けた長男は、処分を不服として訴訟を提起しました。この訴訟は最高裁まで持ち越され、最終的に2011年2月に長男の勝訴が確定しました。「長男の住所は国外（香港）にある」と判断されたため、当時の法律では「長男は贈与税を申告・納税する義務はない」という結論が出たことになります。

このように、武富士事件そのものについては、国側が敗訴したわけですが、これら一連の訴訟が行われている間に、財務省は外国籍を取得する贈与スキームに対して、国外居住者や国外財産に対する相続税や贈与税の締め付けの強化を始めました。2013年の税制改正において、日本に住所がある者からの贈与については、国外居住者で日本国籍がない者に対しても、すべての財産が課税対象になっています。こうした流れから、今のような海外移住による税逃れがしにくいルールになったのです。

相続税の納税義務者の判定は、税務調査で着目されることが少なくありません。自身が制限納税義務者と考えて国内財産だけを申告していたら、税務調査により生活の本拠地が日本と認定され、国外財産も含めて修正申告をするよう求められることがあります。

こうなると国外財産を多く持つ富裕層ほど大きな追徴課税を受けるおそれがあるため、生前の段階から国際相続に強い税理士のサポートを受けて慎重に相続税対策を進めたほうがいいでしょう。

プライベートバンクで資産を売却したときの税金

ここからは、富裕層個人が広く使っている方法である「**スイスのプライベートバンクに『投資一任勘定口座』を開設して、プライベートバンカーに運用を任せた場合の、日本における課税関係**」を中心に説明します（図表6－3）。

日本の居住者は原則として、日本国内はもちろん国外において得た所得も課税の対象となるため、日本の居住者である個人が、スイスのプライベートバンクを利用して、資金を運用、譲渡等した収益（所得）は基本的に日本において課税関係が生じます。そして、金

図表6-3　プライベートバンクを通じた国外金融資産投資

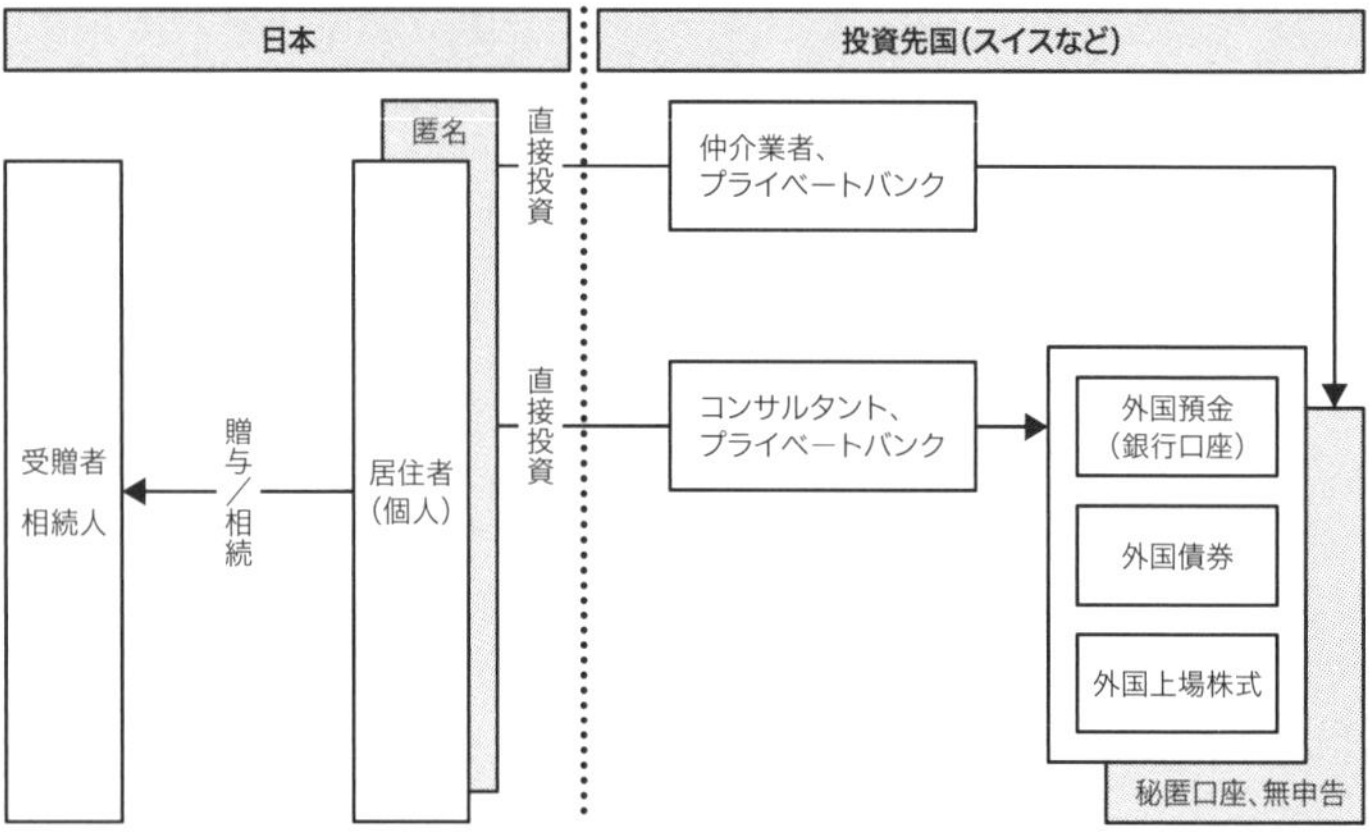

融資産投資については「**日本国内の金融機関を通じた取引**」か「**国外にある金融機関と直接取引した場合**」かで課税関係が異なります。

スイスのプライベートバンクのポートフォリオを見直す際、それまで運用していた株式や債券、ファンドなどを売却して、別の資産に買い換えることがあります。このとき、買い換え（スウィッチング）の段階で生じた投資金融商品の売却損益について、日本で確定申告をした上で税金を納めることが必要です。また、投資一任口座に外国上場会社から配当が入金される場合もやはり申告納税が必要となります。一般的に、配当金は分配せず再投資することが多く、日本からは運用実態がわかりにくいこともあり、投資家自身は利益を得た実感がないかもしれません。しかし、このような再投資の原因となった、国外配当所得も申告対象となるのです。

国内の証券会社を通じて取引をした場合は、特定口座を通じて税額を源泉徴収してもらうことができるため、基本的にはほったらかしでも大きな問題にはなりません。しかし、スイスのプライベートバンクを利用する場合は特定口座を利用できないため、必ず確定申告が必要となり、申告を忘れると追徴課税を受けます。

前述のとおり、日本で確定申告を行うときには、外国で納付した所得税があれば、外国税額控除制度を適用することで税負担を抑えることができます。このような計算を行うには、計算根拠となる書類が必要になりますので、プライベートバンクからの年間報告書などを必ず保管しておきましょう。

また、納税は日本円でなくてはならないため、あらかじめ確定申告と合わせて納税資金の準備をしておくと安心です。

富裕層の税金は分離課税が有利

外国証券を海外の金融機関で運用するときは、**「どのような外国証券」**を**「どのような方法で運用するか」**によって、日本における税負担が変わります。そのため、できるだけ税負担の少ない方法を選択することになりますが、とくに**「総合課税か分離課税か」**という点に注意が必要です。

たとえば、海外の金融機関を通じて外国の株式から配当金を得た場合、確定申告のときに総合課税となります。外国上場株式の場合は20・315％の申告分離課税も選択することができます（図表6－4）。

総合課税の場合、所得税の税率は5～45％と段階的に上がり（図表6－5）、この他に復興特別所得税として基準所得税額の2・1％、住民税として10％の税金がかかります。そのため、最高税率に至る高所得者の場合、得た運用益に対してトータルで約56％もの税率が適用されることになります。

一方、海外の金融機関を通じて外国の上場株式からキャピタルゲインを得た場合、分離

図表6-4　海外の金融業者を通して外国投資金融商品に投資した場合の税金

		利子・配当・収益分配金	譲渡益	償還差益
外貨預金		利子所得（注１） 総合課税（外国税額控除可）	―	―
外国株式（上場株式）		配当所得 総合課税・申告分離課税（20.315％）選択可（配当控除不可・外国税額控除可）	譲渡所得 申告分離課税（20.315％）	―
外国株式（非上場株式）		配当所得 総合課税（配当控除不可・外国税額控除可）	譲渡所得 申告分離課税（20.315％）	
外国公社債	特定公社債	配当所得 申告分離課税（20.315％）（配当控除不可・外国税額控除可）	譲渡所得 申告分離課税（20.315％）	譲渡所得 申告分離課税（20.315％）
外国公社債	一般公社債	利子所得 総合課税（外国税額控除可）	譲渡所得 申告分離課税（20.315％）	譲渡所得 申告分離課税（20.315％）
外国株式投資信託	公募外国株式投資信託	配当所得 総合課税・申告分離課税（20.315％）選択可（配当控除不可・外国税額控除可）	譲渡所得 申告分離課税（20.315％）	譲渡所得 申告分離課税（20.315％）
外国株式投資信託	私募外国株式投資信託	配当所得 総合課税（配当控除不可・外国税額控除可）	譲渡所得 申告分離課税（20.315％）	譲渡所得 申告分離課税（20.315％）

※注１　途中解約や満期の際に生じる為替差益は「雑所得」として確定申告。為替差損は他の雑所得や給与所得や事業所得などと相殺できない。

図表6-5　所得税の税率表

課税される所得金額	税率	控除額
1,000円 から 1,949,000円まで	5%	0円
1,950,000円 から 3,299,000円まで	10%	97,500円
3,300,000円 から 6,949,000円まで	20%	427,500円
6,950,000円 から 8,999,000円まで	23%	636,000円
9,000,000円 から 17,999,000円まで	33%	1,536,000円
18,000,000円 から 39,999,000円まで	40%	2,796,000円
40,000,000円 以上	45%	4,796,000円

※注　平成25年から令和19年までの各年分の確定申告においては、所得税と復興特別所得税（原則としてその年分の基準所得税額の2.1%）を併せて申告・納付することとなる。

課税になります。分離課税であれば、所得税、復興特別所得税、住民税を合わせても税率は20・315％ですから、かなり税負担が抑えられることになります。

すでに説明しましたが、富裕層の多くは証券取引によって税負担を抑えており、「1億円の壁」という現象が起きています。これは分離課税のしくみを上手に活用していることが最大の理由ですから、プライベートバンクを利用する人はきちんと理解しておきたいポイントです。

損失が出たときの取り扱いに注意

プライベートバンクで運用する際、ひとつ注意点があります。それは、上場株式を売却して損失が出た際の取り扱いに関するものです。

日本の金融機関を通じて上場株式を売却して損失が生じた場合、上場株式の配当所得と合算することができます。これを「**損益通算**」といいます。また、損益通算で引き切れない損失があった場合、翌年以後3年間にわたって繰り越し、この期間内に生じた株式の譲渡所得や配当所得と合算することができます。たとえば、２０２３年中に２００万円の売却損が出て、同年中に３００万円の配当金を得たら、これを合算して１００万円（３００万円－２００万円）をベースに税金を計算することが可能です。

しかし、日本に未登録の海外の金融機関を通じて取引を行った場合、損益通算に制限がかかります。したがって、先ほどと同じケースでプライベートバンクを通じて売買を行っていたら、２０２４年は配当金３００万円に対してそのまま税金がかかってしまうのです。

損益通算に関するルールは非常に複雑で、金融業者や運用資産の組み合わせによって違いが生じます（図表6－6）。このような違いを踏まえて最適な取引を行うには、やはり専門家のサポートが必要になるでしょう。

以下に、図表6－6に記した①②③④⑤⑥の内容を説明します。

①国内の金融業者を通じた国内上場株式等の譲渡損益と、日本に登録済であるか否かに関わらず、国外の金融業者を通じた国外上場株式等（※）の譲渡損益は株式譲渡所得の中で内部通算できる。
※上場株式等には外国市場のものも含む（租税特別措置法第37条の11の2第一項、租税特別措置法施行令第25条の9の2）。株式等には投資信託の受益権も含む（租税特別措置法第37条の10の2第四項）。

②国内の金融機関を通じた国内の上場株式等の譲渡損失と国内の金融業者を通じた国内の上場株式等の配当等は株式譲渡所得と配当所得と損益通算できる。

以下においては、日本に登録した国外の金融機関でなければ、上場株式等の国内配当及

図表6-6　直接海外の金融業者と取引した場合の上場株式等の損益通算

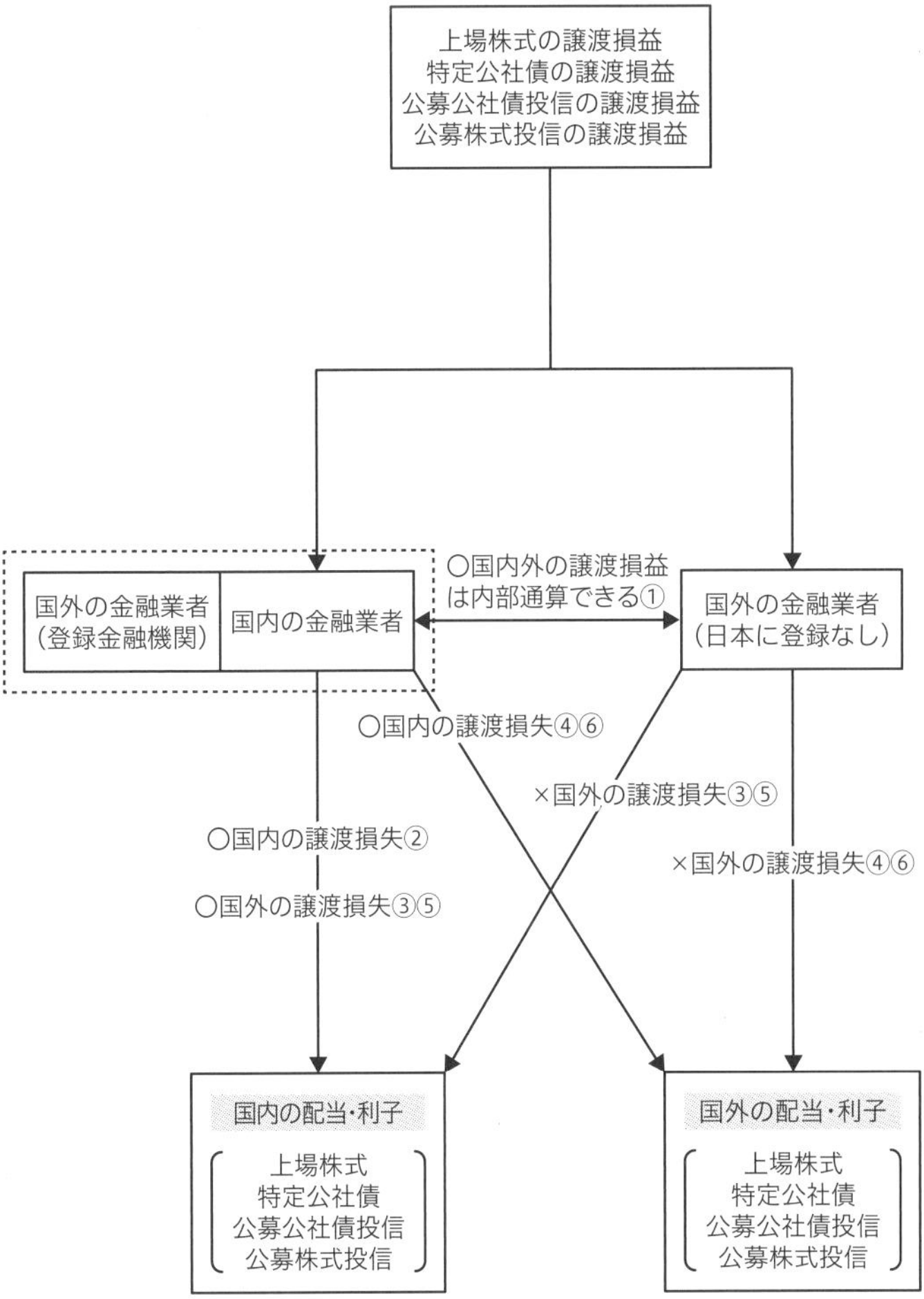

※注　○は損益通算できる（生じた損失を→先の利益から差し引くことができる）。
×は損益通算できない。

び国外配当ともに、上場株式等の譲渡損失と損益通算できない点に注意が必要となります。

③国内の金融業者を通じた国内の上場株式等の譲渡損益と国外の金融業者を通じた国外の上場株式等の譲渡損益を内部通算した結果、国外の上場株式等の譲渡損失が残った場合は、日本に登録済の国外の金融業者を通じた場合、国内の上場株式等の配当等と損益通算できるが、日本に未登録の国外の金融業者を通じた場合、国内の上場株式等の配当等と損益通算できない。日本に登録した、国外の金融機関でなければ、上場株式等の国内配当及び国外配当ともに、上場株式等の譲渡損失と損益通算できないからである。

④国内の金融業者を通じた国内の上場株式等の譲渡損失と、日本に登録済の国外の金融業者を通じた国外の上場株式等の配当等は損益通算できるが、日本に未登録の国外の金融業者を通じた国外の上場株式等の配当等は損益通算できない。

⑤日本に登録済の国外の金融業者を通じた国外の上場株式等の譲渡損失と国内の金融

業者を通じて行い生じた国内の上場株式等の配当等は損益通算できるが、日本に未登録の国外の金融業者を通じた国内の上場株式等の配当等は損益通算できない。

⑥国外の金融業者を通じた国外の上場株式等の譲渡損失と、日本に登録済の国外の金融業者を通じた国外の上場株式等の配当等は損益通算できるが、日本に未登録の国外の金融業者を通じた国外の上場株式等の配当等は損益通算できない。

税務署から「お尋ね」が届いたら

日本にいながらスイス・プライベートバンクを通じて資産運用をすると、海外へ送金をしたり、逆に送金を受けたりする機会が増えます。このとき、税務署から「**国外送金等に関するお尋ね**」という書面が届く可能性があります。

第1章でお伝えしたように、税務署はさまざまな形で課税につながる資料を収集しています。その一環として行われているのが「お尋ね」の送付です。お尋ねにはいくつか種類がありますが、いずれも「税務署からのアンケート」をイメージしていただくといいと思います。

一般的なアンケートと同様にお尋ねへの回答は強制ではないものの、できる限り誠実に対応したほうがいいです。なぜなら、返信がなければ、「所得や財産を隠しているのかも」「実態を確かめるために直接調べよう」といったように、税務調査を誘発してしまうからです。

そもそもお尋ねが送付されているということは、国外と資金のやりとりがあることを税務署が把握していることの証です。なぜ把握できているかというと、金融機関を通じて国外に100万円超の送金をしたり、逆に国外から100万円超の送金を受けたりした場合、その金融機関は税務署に「**国外送金等調書**」を提出する義務があるからです。

国外送金等調書には、送金者や受領者の氏名、取引の年月日、金額などが記載されますので、これだけである程度の情報が明らかになりますが、税金の申告漏れが確定するわけではありません。

たとえば、海外の不動産会社から300万円を受け取っているという事実を、税務署が国外送金等調書で把握したとしましょう。この情報だけでは300万円がどのような理由で送られたのかわかりません。そこで、申告を要するものなのかを確認するために、税務署はお尋ねを送付しているというわけです。

お尋ねが届いたら、慌てず冷静に対応することが大切です。回答を作成する過程で申告漏れがあることに気づいた場合は、すぐに修正申告や期限後申告をすることで、加算税の減免を受けられる可能性があります。逆に、お尋ねを放置した結果、税務調査が行われると、重たい加算税を受けるおそれがありますので、早めの対応が肝心です。

信頼できるアドバイザーを見つける方法

スイス・プライベートバンクを通じて資産運用を行うと、専属のエクスターナル・マネジャーやプライベートバンカーからサポートを受けられるとお伝えしました。しかし、プライベートバンカーだけでお金の問題をすべて解決できるわけではありません。

基本となるのは、プライベートバンクのエクスターナル・マネジャーと、国際税務に強い税理士、国際法務に強い弁護士といったところでしょう。

日本の場合、「プライベートバンカーがお客様に付き添いながら資産管理を行う」というカルチャーがありませんでした。そのため、海外の富裕層向けに行われているプライベートバンキングサービスをそのまま日本に持ち込んでも馴染まない部分があります。そもそも本当の意味でのプライベートバンカーが少なかったことや、日本特有の規制による参入障壁があり、伝統的な日本の金融機関による市場独占力が強かったことも、特に外資系のプライベートバンキングサービスが苦戦した背景と考えられます。

気をつけなくてはならないのは、中には〝詐欺まがいの怪しい者〟が混ざっているという点です。「プライベートバンクとの橋渡し役を引き受けます」という人物は、エクスターナル・マネジャーの他にも存在しますが、彼らの手口は非常に巧妙です。そのスタイルも多様なので、一概に「これは怪しい」と断言するのは困難ですが、信頼できるアドバイザーを見つけるには、いくつかの条件に目を向ける必要があります。具体的には、次の7点に注目するとよいでしょう。

①特定の組織に縛られることのない、独立した存在であるか

特定の組織との利害関係を持っていたり、特定の組織に所属していたりする場合、その人物は顧客ではなく、組織のために動く可能性が高くなります。また、提供・紹介できるサービスも、特定の組織で扱っているものに限定されてしまいます。

②オフショアの金融市場や金融商品の知識を持っているか

いくら日本の金融商品についての知識があっても、経済成長が見込めない国である以上、パフォーマンスを期待することはできません。したがって、オフショアの金融市場や金融商品の知識を持つアドバイザーに頼る必要があります。こうした知識は、顧客の要望に沿った仕事をしているアドバイザーであれば、当然備わっているものです。

一方、悪徳な業者は、顧客の資産を預かるまでが「仕事」です。その後の運用に関しては、まったく責任を持とうとしないので、知識も蓄積されるわけがありません。

③日本に拠点を置き、株式会社として事業を継続しているか

中には日本国外に拠点を置くアドバイザーもいますが、責任を追及する際に、逃げられてしまうリスクが高いと考えられます。万が一の事態が発生した場合、責任の所在を明確にするためにも、日本国内で、しかも会社組織として事業を行っていることが重要です。日本に拠点を置き、長く事業を継続しているアドバイザーは、信頼性が高いと言えます。

④クライアントの利益を重視してくれるか

悪徳な仲介者は、しばしば相手の恐怖感や危機感を煽《あお》って、自分の希望する方向へコントロールしようとします。彼らは当初こそ、クライアントの意向を汲み取るポーズをしますが、間もなくクライアントの利益を無視するようになります。自分の希望にどこまで誠実に対応してくれるのか、実現するためにどれだけの行動を起こしてくれるのかは、非常

に重要なチェックポイントです。

⑤プライベートバンクなどの優良な金融機関との信頼関係が築けているか

エクスターナル・マネジャーの仕事は、プライベートバンクからの信頼があって初めて成り立つものです。プライベートバンクのような優良な金融機関との信頼は、後の資産運用結果にも大きく影響します。彼らとの信頼関係によって、富裕層のみが手にできる情報や金融商品にアクセスすることができるのです。

⑥海外での長期間の生活経験、実務経験があるか

エクスターナル・マネジャーを介在させることで、英語に自信のない方であってもプライベートバンクを利用することができます。しかし、語学力だけではアドバイザーとして十分とは言えません。海外の金融機関との窓口となるアドバイザーは、海外での実務経験が必須です。プライベートバンクの顧客の場合は、相続や海外移住を視野に入れている場合も多いので、海外での生活経験もアドバイスの際には必要となります。

⑦専門的な資格を持っているか

金融のスペシャリストであることを証明する国際的な資格を持っているかどうかも、大切なポイントです。悪徳業者は、こうした資格を持っていませんから、見分けるポイントとしてはわかりやすいかもしれません。アドバイザーが保有する資格として、代表的なものは、MBA（経営学修士ファイナンス専攻）、CFP（国際的なファイナンシャル・プランナーの資格）、CFA（国際的な投資プロフェッショナルの資格）などです。

さらには、意見につき法的責任が伴う専門家、すなわち国際税務に詳しい日本の税理士や弁護士などと連携するアドバイザーであれば、万全の体制と言えます。なお、税理士を選ぶ場合は、次の3つのポイントを重視するようにしましょう。

❶国際税務・金融に精通している

❷国際税務を扱える専門家ネットワーク（例　国際税務を専門とする、大手税理士法人、大手弁護士事務所、コスト面を考慮して、現実的には大手税理士法人で国際税務経験を持つ専門家が独立した独立系事務所、国際税務調査経験豊富な国税ＯＢ）を持っている

❸現地の弁護士（Tax Lawyer）とやりとりができる

アドバイザー選びに失敗すると、内科医に外科手術をお願いするようなもので、損害を被るリスクが高くなってしまいます。とくに富裕層の場合は法律の解釈間違いが巨額の損失につながります。できる限り国際税務の調査実績があり前述の３つのポイントを満たすことができる専門家を見つけるようにしましょう。

ただし、予算が潤沢に取れる場合、または税務否認額が巨額に上る租税裁判等を除いて、大手税理士法人や大手弁護士事務所を使う事例は現実的には少なく、予算に応じて柔軟に対応し現地弁護士と直接やり取りできる大手税理士法人出身で国際税務経験を持つ専門家が独立した独立系事務所や、国際税務調査経験豊富な国税ＯＢに依頼して争点を絞って大手税理士法人や大手弁護士事務所に協力いただくという実務が一般的です。

国際税務の場合、経験のない専門家に任せると、助言ミスによる修正申告額や追徴課税額の大きさが尋常ではありません。堅実な税務顧問税理士がいるような場合でも、国内税務に限って専門性が高い場合が多く、国際税務の専門性は別になります。国際税務は、租税条約等の国際法が加わり、今まで見ることのない条文を使うことが多くなります。ここが一番大事なことですが、理論と実務について経験がある税理士や国税担当者の中では確立された実務慣行と解釈実務があります。その素養がない場合、まったく太刀打ちできません。経験者にお願いしたほうが、安全に問題解決されるのです。

おわりに

本書を最後までお読みいただき、ありがとうございます。
私たちはこれまで富裕層専門税理士として、数多くの富裕層の方々を支援してきました。その経験から感じた「**富裕層に共通している税金とのつきあい方**」を、本書の最後にお伝えしたいと思います。

富裕層の方々は常に税金の悩みを抱えています。本書でお伝えしたように、日本の税制は富裕層にとって年々厳しくなっており、資産を守るために税金を減らしたいと考えるのは自然なことです。

ただ、富裕層には、税金を節約する方法を探しながらも、常に「**法律を守ろう**」という意識があるように感じられます。つまり、正当な手段での節税を心がけて、脱税には決して手を出さないのです。

その理由を想像すると、違法行為により税務当局とのトラブルが起きることへの懸念は当然のことながら、関係者の信用を損なうリスクを避けるためだと思われます。

信用は誰にとっても大切なものですが、知名度のある富裕層はとにかく信用を築き、維持することに熱心です。もしも税務当局から脱税行為を認定され、メディアを通じて世間に知られるようなことがあれば取り返しがつきません。そのため、税金に関する不祥事だけは避けようと、安易な脱税に走ることが決してなく、慎重に節税対策に取り組んでいるのです。

税金のルールは複雑で、とくに海外取引を行うような富裕層の場合、自分だけで法律の取り扱いを判断するのは困難ですから、必ず力のある専門家と連携しています。たとえば、税務については国際税務に強い税理士、法律の問題については国際弁護士といったように、適切な専門家を味方につけて、自らも継続的な情報収集に努めているのです。

税制の変化はめまぐるしく、合法的な節税方法がある日突然封じられることもあれば、新たに認められる節税方法が出てくることもあります。そのような最新情報を、富裕層は専門家を通じて収集し、現実のビジネスや資産運用に活用しているというわけです。

昨今は、「**ファイナンシャル・ウェルビーイング**」という言葉を耳にすることが増えてきました。私たちはこれを「**経済的な幸福**」と呼んでいます。そして、経済的な幸福とは、単にたくさんのお金を持っていることではなく、「**選択の自由を持つこと**」なのだと私たちは考えています。

本書では、日本が置かれている危機的な状況とともに、その危機を乗り越えるためのスイス・プライベートバンクを通じた資産運用の方法や、税金の取り扱いについてお伝えしました。この情報により、富裕層の方々に選択の自由が増え、よりいっそうの経済的な幸福を実現されることを心より願っております。

株式会社ユナイテッド・パートナーズ会計事務所
西村善朗、森田貴子

西村善朗（にしむら・よしあき）

株式会社ユナイテッド・パートナーズ会計事務所 代表取締役 税理士
株式会社パリミキ・ホールディングス社外監査役
慶應義塾大学卒業。現みずほ銀行・本店出向（新金融商品開発業務）、現 KPMG 税理士法人等を経て独立。プライベートエクイティファンド及びその投資先企業、関係する創業経営者個人の顧客を中心として創業した会計事務所という特色がある。戦略的 M&A 税務ストラクチャーの提案、国際資金調達、エクイティファイナンスに関連する法人税務及び個人富裕層に対する所得税・相続税対策業務に従事し、特に、きめ細かい税務調査対応では一定評価を得ている。

森田貴子（もりた・たかこ）

株式会社ユナイテッド・パートナーズ会計事務所 パートナー 税理士
経済学修士、商学修士、MBA（豪）
慶應義塾大学会計大学院修了。アーサーアンダーセンなど世界 4 大会計事務所等を経て 2003 年ユナイテッド・パートナーズ会計事務所創業に参画。プライベートエクイティファンドや産業再生機構の 100 社を超える大企業投資先の MBO 型企業再生案件に携わる。PE ファンド運営会社及び M&A 買収企業の会計・税務体制のインフラ整備から税務調査対応までワンストップでの役務提供に定評がある。PE ファンド経営陣や投資先企業の創業家ファミリー等、数多くの富裕層の財産管理業務、所得税、相続税対策、申告書作成から税務調査対応に従事。著書に、女性のライフステージ別お金のガイドブック『幸せへのマネーバイブル』（2007 年、中央経済社）がある。

【お問い合わせ先】
株式会社ユナイテッド・パートナーズ会計事務所
〒100-0004
東京都千代田区大手町 1-1-1 大手町パークビルディング 7 階
TEL 03-6206-3502（代）
URL https://www.unitedpartners.jp/

【著者紹介】

髙島一夫（たかしま・かずお）

株式会社 T&T FP コンサルティング 代表取締役社長 CFP

早稲田大学卒業後、大和証券に入社。ロンドン大学留学後、大和スイス SA にて、日本株・債券の投資アドバイザーとして 8 年間勤務。その後、外資系証券会社数社に機関投資家マーケティング部門の責任者として勤務。1990 年からスイスの大手プライベートバンクであるピクテ（ジャパン）の取締役として 5 年間勤務。1996 年に独立して、主に個人富裕層を対象に資産運用のコンサルティング業務を開始。主な著書に『資金 3000 万円からできるスイス・プライベートバンク活用術』（同友館）、『世界の富豪に学ぶ資産防衛術』（G.B.）などがある。

髙島宏修（たかしま・ひろのぶ）

株式会社 T&T FP コンサルティング 取締役 CFP

1985 年生まれ。日本大学経済学部経済学科卒業後、豪ボンド大学大学院でビジネススクール BBT グローバルリーダーシップ MBA（経営学修士）取得。経営コンサルティング、資産運用会社で実務経験を積み、株式会社 T&T FP コンサルティングのコンサルタントとして従事。2014 年に CFP を取得し、取締役となる。現在、個人向けの資産運用相談業務を担うファイナンシャルアドバイザーとして活躍している。

【お問い合わせ先】

株式会社 T&T FP コンサルティング
〒102-0084
東京都千代田区二番町 1-2 番町ハイム 1012
TEL 03-5213-4385
FAX 03-5213-4386
URL http://www.ttfp-consulting.com/

＊本書の内容は2024年2月末現在の事実を基にしています。利率・運用成績・税率等の情報は予告なく変更されることがあります。
＊本書で紹介する投資商品はファンドの運営者及び募集者によって安全性に留意されたものですが、元本保証や確実なリターンを保証するものではありません。本書に記載した情報や意見によって読者に発生した損害や損失については、著者、発行者、発行所は一切責任を負いません。運用における最終決定はご自身の判断で行ってください。

EYE LOVE EYE

視覚障害その他の理由で活字のままでこの本を利用出来ない人のために、営利を目的とする場合を除き「録音図書」「点字図書」「拡大図書」等の製作をすることを認めます。その際は著作権者、または、出版社までご連絡ください。

富裕層なら知っておきたい
スイス・プライベートバンクを活用した資産保全
口座開設、運用、税務までこの１冊でわかる

2024年4月11日　初版発行

著　者　髙島一夫、髙島宏修、西村善朗、森田貴子
発行者　野村直克
発行所　総合法令出版株式会社
〒103-0001 東京都中央区日本橋小伝馬町15-18
EDGE 小伝馬町ビル9階
電話　03-5623-5121
印刷・製本　中央精版印刷株式会社

落丁・乱丁本はお取替えいたします。
©Kazuo Takashima, Hironobu Takashima, Yoshiaki Nishimura, Takako Morita
2024 Printed in Japan
ISBN 978-4-86280-941-4
総合法令出版ホームページ　http://www.horei.com/